나에게 맛을 알려주신 아버지에게
이 책을 바칩니다.

구글보다
요리였어

구글보다 요리였어

초판 1쇄 펴낸 날 | 2015년 5월 8일

지은이 | 안주원
펴낸이 | 홍정우
펴낸곳 | 브레인스토어

책임편집 | 신미순
디자인 | 나선유, 김준민
마케팅 | 한대혁, 정다운

주소 | (121-894) 서울특별시 마포구 양화로 7안길 31(서교동, 1층)
전화 | (02)3275-2915~7
팩스 | (02)3275-2918
이메일 | brainstore@chol.com
페이스북 | http://www.facebook.com/brainstorebooks

등록 | 2007년 11월 30일(제313-2007-000238호)

© 안주원, 2015
ISBN 978-89-94194-65-3 (13320)

* 이 책은 저작권법에 따라 보호받는 저작물이므로 무단전재와 무단복제를 금하며, 이 책 내용의 전부 또는 일부를 이용하려면 반드시 저작권자와 브레인스토어의 서면 동의를 받아야 합니다.

이 도서의 국립중앙도서관 출판시도서목록(CIP)은 서지정보유통지원시스템 홈페이지(http://seoji.nl.go.kr)와 국가자료공동목록시스템(http://www.nl.go.kr/kolisnet)에서 이용하실 수 있습니다.(CIP제어번호: CIP2015010899)

구글보다
요리였어

신의 직장을 벗어나 주방에서 찾은 진정한 꿈과 행복

안주원 지음

bs
브레인스토어

프롤로그

"뭘 해야 행복할지 모르겠어."

오랜만에 만나 말없이 내 얘기를 듣던 친구가 툭 내뱉었다. 부럽다는 말과 함께.

나도 한때는 그랬었다. 어긋나지 않도록 주어진 길을 열심히 따라가던 학창시절, 그리고 회사생활. 구글에 처음 입사했을 때 이제 내 삶은 완성이라고 생각했다. 열심히 공부해서 좋은 대학 나오고 이름 있는 대기업에 들어갔으니 말이다. 그러나 그것은 상당한 착각이었다. 많은 이들이 목표로 하고 나도 그러했던 그 길은 내가 진정으로 행복해지는 길이 아니었다. 주변에서 박수 쳐주고 끄덕거리고 있으니 계속 가던 길을 걸어가고는 있었지만 매일 무료함과 열등감에 시달렸다. 그렇지만 어디로 가야 할지 알지 못했다. 무엇보다 탄탄히 포장되고 쭉 뻗은 길을 벗어날 용기가 당장 부족했다.

그러나 지금은 주저 없이 답할 수 있다. 나는 참으로 행복하다고.

내가 그렇게 말을 할 때마다 대부분의 사람들은 참으로 대단하고 부럽다는 말을 건넨다. 그렇지만 내가 행복해지는 법을 찾은 건, 어느 날 갑자기 눈 뜨자마자 엄청난 용기가 솟아나서도 아니고, 누군가 답을 알려주어서도 아니다.

처음에는 단순히 스트레스 해소를 위해 손을 대기 시작한 제빵, 단순히 전공과목이 지겨워 듣기 시작한 철학과 수업, 단순히 운동을 위해 시작한 춤. 이런 '딴짓' 속에서 단서가 보였다. 내가 무얼 할 때 즐겁고, 무얼 잘할 수 있는지 말이다.

그렇게 시작된 호기심으로 오솔길들을 거닐다 만난 이들은 한결같이 내게 용기와 격려를 안겨주었다. 많은 고민과 오랜 시간이 걸렸지만, 결국 찾아낸 이 길 위에서 나는 참으로 행복하다. 내가 다니는 회사나 졸업한 학교 이름에 의지하는 대신, 정말로 알고 싶고, 느끼고 싶은 것들로 채워가는 삶이란!

요리사로 첫 걸음을 내디딘 지 얼마 되지 않았다. 앞으로 더 고민해야 할 것들이 많은 이 시점에서 이 책을 내기로 한 이유는 딱 한 가지다. 바로 나에게 도움을 준 다른 분들에게 보답하는 마음으로 고민하는 이들에게 조금이나마 내 경험을 통해서 위로를 나누고 싶은 것. 이 세상에는 해야 하는 일만 있는 것은 아니다. 끌리는 일들에 슬쩍 발을 담가보며 내가 진심으로 좋아하는 것들을 찾아보는 여유를 조금씩 챙기다 보면, 머지않아 사회에 이끌려가는 삶이 아닌, 자신이 만들어가는 삶을 누리고 있으리라 믿는다.

처음 브레인스토어와 인연을 이어준 김동환 기자님과 출판사의 홍정우 대표님은 내가 생각하는 책이 요리책이 아니라는 것에 대해 당황한 기색이 역력하셨다. 그러나 대표님은 좌충우돌 내 경험담이 다른 이들에게 도움이 될 수 있겠다는 믿음을 가져주셨고, 그 덕분에 무사히 탈고를 할 수 있었다. 다시 한 번 감사드린다.

여기까지 오는 동안, 그리고 앞으로도 계속 그럴 테지만, 나는 셀 수도 없을 만큼 많은 분들에게 신세를 지고 도움을 받아왔다. 삶의 속도가 느려질 때마다, 무게가 버거워질 때마다, 옆에서 말없이 손을 잡아주고 따뜻한 음식을 나누어준 내 친구들, 동료들, 선생님들이 없었다면 나는 지금 이 길을 걷고 있지 못할 것이다. 그분들께도 지면을 빌려 감사를 드리고 싶다.

무엇보다 이 세상을 맘껏 느끼고 내 자신에 대해 알아갈 수 있도록 풀어주고 살펴준 엄마, 그리고 이 세상에서 내 음식을 제일 좋아해준 우리 아버지, 마지막으로 항상 믿음으로 나를 지지해주는 동생 안세준 군에게 사랑한다는 말을 전하고 싶다.

안주원

차례

프롤로그   6

Chapter 1   구글이라는 정글에 들어가다

답답했던 귀국생활, 한 줄기 빛   15
훗, 이제 나는 구글러야   27
20대 대졸 여자는 좀 나긋나긋해야지   36
공짜 점심에 나태해지는 청춘의 영혼   45
칭찬 속에 자라나는 열등감   54
이제 도대체 어디로 가야 하지?   60

Chapter 2   탈출구로 시작한 요리와 사랑에 빠지다

낯선 사람들과 시작된 토요일의 행복   69
출근 전 오전 6시 30분, 칼질 속에 겸손을 배우다   80
해야 할 것 같은 일 대신 하고 싶은 일   90
봇물 터진 열정은 블로그를 타고   97
오지랖 대신 진짜 조언을 찾아나서라   103
미국의 노숙자 할아버지가 깨우쳐준 나의 꿈   111

Chapter 3 26년 만에 처음으로 내가 선택한 길을 걷다

뜻밖의 응원 속에 사직서를 제출하다 … 119
나만의 삶, 그 첫 걸음 … 128
두 달간의 여행이 가져다준 맛있는 추억과 자극 … 135
나이 많은 늦깎이 알바생의 희로애락 … 162
런던티, 자신감을 심어준 내 친정엄마 … 171
내일 당장 지구가 멸망하면 오늘 무얼 할래 … 181

Chapter 4 불과 칼의 놀이터, '희열치열' 주방의 세계

컴퓨터와 정장 대신 칼과 조리복 … 187
최고의 관문, 두 시간 바닥 청소를 견뎌라 … 195
아름다운 샌프란시스코의 혹독한 주방들 … 209
묵묵히 최선을 다하면 복이 올 것이니 … 219
결국엔 사람이다 … 225

Chapter 5 현실에서 꿈이 들어갈 자리 찾기

유일하게 열린 문, 정식당 … 235
괜히 요리한다고 했나 봐 … 241
누구를 위한 음식인가 … 251
아버지가 주고 가신 선물 … 256
내가 평생 요리할 이유 … 267

Chapter 1

구글이라는 정글에 들어가다

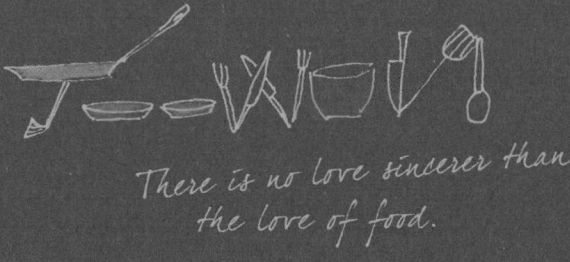

There is no love sincerer than
the love of food.

답답했던 귀국생활,
한 줄기 빛

"난 이만 자러 간다. 낼 얘기해."

"…응 그래. 잘 자."

미국 캘리포니아는 지금 밤 11시 55분. 내가 있는 한국 서울은 한창 나른할 오후 4시 55분. 오프라인으로 표시된 남자친구와의 채팅창을 물끄러미 응시하다 천천히 마우스를 움직여 닫기 버튼을 클릭했다. 갑자기 사무실의 건조한 공기가 견디기 힘든 답답함으로 다가왔다.

미래에 대한 확신도, 설렘도 없이 불안한 마음으로 코넬에서의 졸업장을 받아든 지 어언 여섯 달. 남은 생활비로 어떻게든 미국에서 버텨보다 한국에 들어온 지 다섯 달. 중학교 2학년 때 홀로 미국에 건너간 이후 9년 동안 내가 올인한 건 오직 한 가지였다. 그들의 언어와 문화를 완벽하게 습득하는 것. 한국 음악도 듣지 않고, 셈을 하거나 숫자를 셀 때도 본능적인 한국어 대신 영어로 꾸역꾸역 생각을 하려 노력했다. 대학 진학률이 높은 이름난 사립고에 편입한 후, 처음 제출한 에세이는 이걸 어떻게 점수를 매겨야 할지 모르겠다는 인자한 인상의 역사 선생님이 내뱉은 혹평으로 구겨졌다. 그 뒤로 쓰고 또 쓰고, 결국 대학과정 영어수업까지 들으며 아이비리그 합격을 일궈냈다. 그렇게 한 번도 뒤돌아보지 않고 미국에 정착하려 애를 썼는데, 다시 한국에 들어오다니. 이런 창피할 데가.

게다가 대학교에서 만난 남자친구는 미국에 있었다. 나와 달리 어릴 때부터 관심 있던 분야를 전공으로 잘 살려, 구글에 일찌감치 프로덕트 매니저로 스카우트 당한 그. 비슷한 사람들과 좋아하는 일을 하며 매일 새로운 경험에 즐거워하는 그와 달리, 나는 길을 잃은 상태였다. 생각했던 산업디자인 관련 전공은 막상 공부해보니 예상한 일과는 판이했다. 무언가를 만들고, 사교적인 환경을 좋아하는 나로서는 연구실에 틀어박혀 사용자를 관찰하고, 이론과 비용계산이 반 이상을 차지하는 디자인 프로젝트들을 견뎌낼 수 없었다. 대신 전공과는 전혀 상관없는 잡다한 환경문제, 호텔 매니지먼트, 케이터링, 그래픽 디자인 수업들을 듣기 시작했고, 이벤트플래닝, 살사 수업, 식당 아르바이트 등 재밌어 보이는 일에 빠져들었다.

이렇다 보니 회사 입장에서 볼 때 매력적인 구직자의 이력서가 되지는 못하였다. 우선 같은 해에 졸업하는 코넬의 학생 수만 4,000명인데다가, 매칭이 되지 않는 전공과 중구난방 경력에 추후 취업비자 스폰서가 필요한 대졸은 경쟁에서 밀릴 수밖에 없었다. 주변에서는 1년 정도 주어지는 OPT(Optional Practical Training, 미국 학위 취득 후 비자 없이 취업활동이 가능한 기간) 기간 동안 여유를 갖고 좀 기다려보라 했으나, 내 통장엔 딱 한 달치 월세분과 약간의 생활비를 충당할 800달러만 남아 있을 뿐이었다. 마지막까지 여기저기 이력서를 보내보았지만, 진심이 담기지 않은 영혼 없는 구직활동에는 아무도 답을 주지 않았고, 결국 잔뜩 지쳐버린 몸과 마음을 한국행 비행기에 싣고야 말았다.

며칠간의 휴식 후, 남자친구와 부모님의 격려로 한국에서 취업활동을 시작했다. 그나마 최소한의 방향성을 가지고 아르바이트와 인턴 경험을 쌓은 행사 기획 쪽으로 뒤져보니 꽤 자리가 있었다. 그런데 막상 면접을 보러 가니, 작은 파티플래닝 업체부터 기업교육 회사까지 모두가 의심스러운 눈초리로 내게 하는 질문은 아이비리그까지 다녔으면서 왜 한국에 들어왔느냐는 것이었다. 이렇게 아픈 비수가 또 있으랴.

아직도 기억이 뚜렷한 삼성동의 한 회색빛 3층짜리 건물. 부스스한 머리에 믹스커피를 홀짝이던 중소기업 사장은 나와 내 이력서를 한참 번갈아 보더니 미간을 찌푸리며 내가 한국 사람이 맞는지 물어보았다. 동남아 어디 사람 같은데, 그래서 한국으로 취업 온 거 아니냐고. 나는 대답도 하지 않고 조용히 일어나 사무실을 나왔다. 그리고 마지막 면접. 다행인지 불행인지, 국제 콩그레스 실무 담당자를 뽑는다는 공고를 보고 찾아간 서울대학교 교수님은 내가, 혹은 내 학벌이, 맘에 드셨는지 별

다른 질문을 하지 않고 오케이를 외치셨다. 나도 서울대학교라는 타이틀이 어느 정도는 위안이 되었고 말이다.

지금도 그렇지만 그때도 페이스북은 자신이 얼마나 잘 살고 있는지를 자랑하는 공간이었다. 다른 유학생 친구들이 미국에서 취업해 비자 스폰서를 받고, 몇 년 일찍 졸업한 선배들이 영주권 스폰서까지 받아 차근차근 미국에 정착하는 소식들이 올라올 때마다 나는 상대적 박탈감에 어찌할 줄을 몰랐다. 친구들의 회사들은 하나같이 누구나 알아주는 이름들이었다. 맥켄지, 딜로잇, 마이크로소프트, 애플, 제이피모건 등등. 지금도 신의 직장으로 통하는 구글은 그때도 이미 엄청난 시설과 복지를 자랑하는 선망의 회사였는데, 그곳에서도 핵심 업무를 담당하고 있는 남자친구가 해주는 얘기들이 제일 배가 아팠다.

"대박, 내일 마이클 미나(샌프란시스코 스타 셰프)가 직접 요리해주는 디너 만찬에 간다!"

"야, 이번에 우리 연말파티는 마리사(전 구글 부사장, 현 야후 회장)네 펜트하우스에서 한대!"

"내년 여름에 한 달 동안 세계여행 보내준대. 일본이랑 러시아, 독일, 중국… 또 어디 가더라?"

그래, 나는 어제 교수식당에서 교수님이 더덕구이 정식 사주셨다. 아 맞다, 주말에 날씨가 좋아서 한강 둔치도 다녀왔다.

점점 신나는 일이 많아지는 남자친구와의 대화는 한 방향으로 흘러

가기 일쑤였고, 까맣게 타들어가는 내 속을 아는지 모르는지, 자랑이 끝나면 그는 바쁘고 피곤하다며 대화를 시작한 지 얼마 되지 않아 마무리하는 상황이 반복되고 있었다. 오늘도 우리의 대화는 남자친구가 팀 회식을 한 유명 스시 레스토랑의 환상적인 사진 구경으로 마무리.

사무실 복도 끝에는 흡연실 겸 휴게실인 조그마한 발코니가 있었다. 답답한 사무실 공기를 피해 나만의 아지트인 조용한 그곳으로 향했다. 온갖 생각들이 또 맴돌기 시작했다. 그냥 미국에서 버텼어야 했는지, 공채를 봐서 대기업에 들어가야 하는지, 아님 과외나 해서 돈이라도 왕창 벌어야 하는지.

주변에서는 미국에 남아 있지 않고 한국에 들어온 데에 어떤 큰 이유가 있어서라는 시각이 대부분이었다. 그냥 비자도 잘 안 되고, 아버지 건강도 그렇고, 라고 얼버무릴 때마다 너무 창피했다. 미국에서 적응했던 언어와 몸짓, 문화를 버리고 다시 오지랖 넓은 한국 사회에 적응해야 하는 것 자체가 큰 퇴보이자 실패라고 느껴졌다. 그렇게 또 좌절감에 젖어 퇴근 후 침대에서 뒹굴거리고 있던 저녁, 무심코 메일함을 열었다.

새 메일 1통.

"Hello from Google?"

그 이메일은 맙소사, 구글 리크루터가 보낸 것이었다. 작년 이맘때쯤, 본사에서 뽑는 디자인 관련 포지션에 지원을 했다가 떨어졌었는데, 이력서를 보관하고 있었나 보다. 구글코리아에 새 포지션이 열려 채용을 하는데, 데이터베이스를 검색하다 내 이력서가 눈에 띄었다며 면접을 보고 싶다는 내용이었다. 이게 꿈인가 생시인가. 정말 영화에서만 보았던 시커먼 먹구름을 뚫고 한 줄기 태양빛이 쫙 내리쬐는 광경이 내 눈앞에 펼쳐졌다. 눈을 껌벅대며 스크롤을 올렸다 내렸다, 몇 번이고 메일을 다시 읽어봤다. 마침 남자친구는 온라인이었다. 구글에서 면접 보라는 이메일이 왔다며 신이 난 내게 그가 물었다.

"오, 그래? 근데 하고 싶은 일이야?"

"하고 싶은 일이라니, 뭐래는 거야. 구글인데 당연히 면접 봐야 하는 거 아니야?"

드디어 나도 코넬 졸업장 값을 할 만한 기회를 얻는구나, 라는 생각에 붕붕 뜨기 시작했다. 허겁지겁 몇 달 동안 꺼내보지 않은 이력서를 띄워 점검한 후에 리크루터의 이메일에 답장을 쓰기 시작했다. 최대한 쿨한 척, 태연한 척.

네, 면접 한 번 보면 좋겠네요.
(사실은 아이고 감사합니다. 저 좀 데려가주세요.)

답장을 보낸 후에는 일사천리로 일이 진행이 되었다. 본사 리크루터는 전화면접을 시작으로 각 스테이지 클리어마다 일대일 면접을 하나하나 잡아가기 시작했다. 그동안 용돈벌이로 IT업계 뉴스 번역 아르바이트를 하고 있던 것이 신의 한 수로 작용할 줄이야. 전화면접을 무사히 마치고 사무실에서의 첫 인터뷰가 있던 1월의 아침. 쿵쿵대는 심장을 다독여가며 아침부터 목욕재계를 했다. 티셔츠와 청바지 차림의 자유로운 사내 복장이라는데, 정장을 입으면 촌스러워 보일까, 한참을 고민하다 결국 흑백의 정장 차림으로 역삼역 나들이에 나섰다. 지하철과 바로 연결되어 있는 강남파이낸스센터, 구 스타타워는 으리으리했다. 뻥 뚫린 천장에, 대리석과 나무가 아낌없이 쓰인 인테리어. 고급스러운 슈트와 시계를 차고 바삐 걸음을 옮기는 직장인들. 휴, 청바지를 입고 왔으면 큰일 날 뻔했겠다는 안도의 한숨이 나왔다.

짙은 향수 냄새와 회색 양복들에 둘러싸여 엘리베이터를 탔다. 귀가 멍, 해질 때쯤 땡, 하고 22층에 엘리베이터가 도착했다. 내려서 오른쪽을 보니, 단단한 유리 출입문 뒤로 인터넷에서만 보던 'Google'이라는 알록달록한 로고가 큼지막하게 붙어 있었다. 두근대는 가슴을 진정시키려 잠시 숨을 몇 번 들이쉬는데, 얼쩡거리는 나를 본 직원이 안내데스크에서 일어나 문을 열어주었다. 오늘 면접이 있어 왔다고 하니 그녀는 밝게 웃고는 곧 컴퓨터로 돌아가 담당자에게 연락을 해주었다. 청바지에 티셔츠 차림인 그녀 앞에 내 정장이 갑자기 무겁게 느껴졌다. 잠시 후회하던 찰나, 안쪽 문이 열리더니 더 밝은 웃음을 지닌 직원이 나와 눈을 마주쳤다.

"주원 님이세요? 어서 오세요!"

쾌활한 목소리의 그녀는 나를 아담한 면접실로 안내했다. 슬쩍 둘러본 사무실은 색색의 파티션과 큼직한 모니터들로 가득했다. 천장에 매달려 있는 모빌들도 눈에 띄었다.

잠시 기다리라며 그녀가 놓고 간 차 한 잔을 홀짝대며 면접실 밖 사무실을 좀 더 기웃거렸다. 아기자기하고 화사한 오피스, 하나같이 밝은 웃음을 띤 채 노트북을 들고 다니는 젊은 직원들. 나에게 반말을 하시는 연세 지긋하신 교수님들, 작은 모니터가 놓여 있고 퀴퀴한 냄새가 진동하는 내 사무실과는 딴판이었다. 시궁창 전쟁 통에 굴러다니다 유엔에 구조라도 받은 안도감이 몰려들었다. 잠깐 망상에 젖어 있을 때, 문이 활짝 열리며 이번에도 역시 환히 웃고 있는 남자 직원이 불쑥 손을 내밀며 악수를 청했다.

본사에서 새로운 부서의 한국 팀을 꾸리기 위해 파견되었다는 매우 젊어 보이는 그는 시종 쾌활하게 웃으며 즐거운 대화를 이어나갔다. 이거 면접 맞는지, 라는 생각이 들 정도로 말이다. 한 45분여 얘기를 나눴을까, 그는 또 한 번 씩씩하게 악수를 청하며 다음 면접의 건승을 빌었다. 두 면접은 모두 영어로 이루어졌고, 나는 유학생활을 하며 열심히 갈고닦은 언어를 다시 맘껏 쓸 수 있다는 사실에 고향으로 돌아온 기분이었다. 그렇게 두 차례의 면접을 마친 후 집으로 돌아가는 발걸음은 무척이나 가벼웠다.

같이 일하는 사무실 직원이 보기에도 티가 날 정도로, 나는 지난 몇 달간의 좌절감과 답답함을 탈출할 희망에 부풀어 희희낙락이었다. 그렇게 결과를 기다린 지 일주일여, 리크루터에게서 또 한 통의 이메일이 날아왔다. 조심스레 클릭을 해보니 축하한다는 문구와 함께 마지막 두 면접이 남아 있다는 소식이 적혀 있었다.

'이제 정말 현실이 되어 가는구나!'

세 번째 면접을 보기 위해 역삼동으로 가는 길은 내 마음도, 내 옷차림도 한결 가벼워져 있었다. 마치 이미 구글러가 된 것마냥. 이미 눈에 익은 로비와 엘리베이터, 복도를 지나 다시 구글의 커다란 유리문을 통과했다.

'아, 정말로 여기 오고 싶다.'

나는 간절했다. 남자친구가 아침에 보내준 '굿럭' 이메일을 다시 한 번 읽어보며 들뜬 가슴을 진정시켜보려 했지만 콩닥거리는 심장을 어찌할 수 없었다.

회의실에 들어가니 이전 두 면접과는 달리 연륜이 있어 보이는 여성분이 손짓을 했다. 긴장된 표정으로 의자에 앉으니 그녀는 노트북 화면에 시선을 고정한 채 차분하게 질문을 이어갔다. 한국어로. 아뿔싸, 면접 준비는 계속 영어로만 해왔는데 갑자기 한국어라니. 당황스럽게도 기술적인 질문들에 대해서는 답변을 다시 한국어로 구성하는 데 한참의 시간이 걸렸다. 게다가 몇몇 단어는 생각나질 않아 버벅대기까지. 크악.

별 표정의 변화가 없던 그분의 얼굴에서는 지금 내가 면접을 그나마 괜찮게 이어가고 있는지, 아님 그냥 갖다버린 케이스인지 일말의 기운도 읽을 수가 없었다. 아까의 들뜬 마음은 찬물을 맞아 잔뜩 쪼그라들어 있었고, 그녀는 마지막 질문에 대한 답변을 듣자 노트북을 찰칵 닫고 가벼운 목례로 인사를 대신하고는 면접실을 나가버렸다.

'헐, 나 떨어진 건가. 지금?'

그날 이후 나는 매일같이 메일함을 백만 번씩 확인하며 다음 면접에 대한 통과 소식만을 노심초사 기다리고 있었다. 그렇게 며칠이 지났을까, 다행히 중대한 실수는 없었는지 마지막 면접 안내에 대한 이메일이 도착했다.

이번 미션은 본사 팀장과의 화상회의. 일반 면접실 대신 큼지막한 모니터가 벽에 달린 회의실로 안내를 받았다. 어딜 봐야 할지 몰라 허둥대다가 갑자기 울리는 전화벨 소리에 깜짝 놀라니, 옆에 서 있던 리크루터가 살짝 미소를 지으며 리모컨을 작동해 전화를 받는다. 모니터 화면이 몇 번 깜빡이더니 인자한 인상의 백인 아저씨가 웃고 있는 것이 보인다.

"Hello? Hi! Hi, I'm Tom."

역시 마지막 면접이라 그런지, 세세한 질문은 하나도 없었고 큼직큼직한 그림을 묻고 답하는 대화가 오갔다. 내가 생각하는 10년 후의 나의 모습, 한국 인터넷 생태에 관한 생각들, 한국에서 더 발전할 수 있는 온라인 서비스 등 팀장 톰 아저씨는 진지한 얼굴로, 그러나 가벼운 농담을 섞어가며 다양한 주제에 대해 얘기를 이어갔다. 나도 그간 번역 일을 하면서 쌓은 자잘한 지식과 나름의 생각을 곁들여 좀 긴장이 풀어진 상태로 편히 얘기하고 있던 참이었다.

"그나저나, 왜 구글에 입사하고 싶은 거죠?"

순간 머릿속이 잠시 하애졌다. 몇 초 망설이는 동안 모니터 속의 톰은 내 답변을 기다리며 미소를 짓고 있었다.

'엄청 유명한 회사니까요. 누구나 다 들어가고 싶어 하니까요. 복지가 짱이니까요. 제 남자친구도 구글에서 일하니까요. 외국계 기업에서 일하고 싶으니까요.'

'아 왜 이래. 뭐였지. 내가 생각해온 이유가… 뭐더라?'

"구글은 사람들의 생활에 매우 긍정적인 영향을 미치는 세계적인 회사이고, 인터넷이 특히나 발달한 한국에서 그런 프로젝트를 진행하는 것에 이바지하고 싶어요."

톰은 말없이 고개를 끄덕이고는 오늘 대화 반가웠다며, 인사팀에서 곧 연락이 갈 거라는 말로 면접을 마무리했다.

며칠 후 나는 최종합격 통지를 받았고 우리 집은 마치 축제 분위기였다. 부모님은 주변 친척과 지인들에게 '자랑 연락'을 돌리기 바쁘셨고, 나도 페이스북과 이메일로 친구들에게 기쁜 소식을 전했다. 그렇지만 한편으로는 인사부에 답변 메일을 쓰면서 마지막 면접에서 톰이 물어본 질문이 내내 걸렸다. 확실한 목표 없이 단지 막연한 동경만으로 구글에 들어가도 되는 걸까. 그렇지만 지난 몇 주간 구경한, 세련된 오피스와 밝고 활기찬 구글 직원들, 뷔페식 점심과 편의점을 연상케 하는 음료수 냉장고와 간식거리들, 무엇보다 구글이라는 로고가 박힐 내 명함과 'Google.com'이 들어간 이메일 주소… 그것들은 내가 지독히도 떨쳐버리고자 했던 좌절감을 한 방에 날려버릴 수 있는 기회였고, 그렇게 나는 구글에 입사하게 되었다.

훗, 이제 나는
구글러야

"안 되네, 다시 생각해보게나."

일을 그만두고 싶다는 말에 담당 교수님의 반응은 예상 외로 단호했고, 나는 머리가 아파왔다. 사실 예상을 해볼 수 있었지만, 하루라도 빨리 꿈꾸던 환경으로 옮기고 싶었던 나는 '나 하나쯤 없어도 대회 진행에는 별 차질이 없을 것'이라며 이기적인 합리화를 해오던 참이었다. 대체 인력을 알아보며 차근차근 말씀드렸으면 좀 더 원활한 대화가 가능했을지 모르지만, 다급한 마음이 앞섰던 나는 무조건 밀어붙이기 바빴다.

불편한 마음으로 출근을 한 다음 날, 교수님은 다른 일로 아예 온종일 연구실을 비우고 계신 상태. 답답한 마음을 눌러가며 이런저런 업무를 처리하고 있는데 갑자기 메신저에서 메시지창이 떴다.

나와 함께 대회 일을 진행하고 있던 파티션 맞은편의 동료가 커피 한 잔 할 시간 되느냐며 윙크를 날렸다. 사무실을 나선 우리는 자판기 커피를 두 잔 뽑아들고 건물 뒷길을 따라 걷기 시작했다. 왜 나오자고 했는지 어느 정도 예상은 했지만 우리 둘 다 한동안 별 말이 없었다. 정적을 깨고 그녀가 먼저 입을 뗴었다. 일을 그만두고 싶어 한다는 얘기를 들었다며 어떻게 되어가고 있느냐고. 조만간 얘기할 예정이었지만 막상 그녀가 먼저 말을 건네니 가슴이 탁 막혔다. 아무 말도 없는 내게 그녀는 이해한다면서 너무 걱정하지 말고 교수님께는 다시 한 번 말해본 후 사람을 뽑아보자고 했다. 인수인계를 어느 정도 확실히 해놓고 나면 교수님의 걱정도 좀 덜해지실 거라며. 내가 그녀 입장이라면 대회가 얼마 남지도 않았는데 그만둔다고 불평을 늘어놓았을 텐데, 한 발 앞서 내 생각을 해주는 마음에 내 이기심이 갑자기 부끄러워졌다. 나는 말없이 고개만 끄덕이며 그녀 뒤를 따라 다시 사무실로 들어갔다.

다음 날 다시 시도한 교수님과의 대화는 변함없이 제자리에서 맴돌기만 했다. 오히려 구글에 직접 전화를 해보겠다며 인사 담당자의 전화번호를 달라는 교수님의 강경한 태도에 내가 너무 무책임했나, 라는 일말의 죄책감마저 온데간데없이 사라졌다. 이대로 탈출하지 못할지도 모른다는 두려움이 나를 휘감으며 갑자기 눈물이 콱 나왔다. 그런 나를 잠시 응시하던 교수님은 내일 다시 얘기하자며 교수실을 나가셨다.

퇴근 후 내 방에 대자로 드러누워 천장을 멍하니 바라봤다.

'그래, 안 되려나 보다. 어차피 내가 먼저 지원한 것도 아니고.'

힘없이 출근해 이메일 확인을 하고 있는데, 교수님이 사무실 문을 활짝 열고 들어오시더니 내 맞은편 그녀에게 물었다.

"공고 올렸나?"

"아, 네. 지금 올리려고요."

"그래, 수고하게."

그 한 마디만 하고 훌쩍 문을 열고 나가는 교수님의 뒤를 쫓았다.

"교수님!"

"자네가 살펴보고 인수인계 잘 하게."

몇 주 후 나는 마음 한편에 무거운 죄책감을 안고 사무실 짐을 쌌다. 한 분 한 분 조용히 인사를 드리고 나서 건물을 나오니 아직은 조금 쌀쌀한 봄바람이 불고 있었다.

'그래, 잘해보자.'

3월 24일, 전날 밤 제대로 잠을 이루지 못해 조금은 퀭한 얼굴로 첫 출근길에 나섰다. 역삼역으로 향하는 '지옥철' 속 양복 차림의 직장인들 등쌀에 밀리고 발이 밟혀도 들뜬 마음은 가라앉지 않았다. 오히려 나도 드디어 이 그룹의 일부가 된 것 같아 즐거웠다. 면접 보러 다니는 동안 익숙해진 파이낸스센터의 로비에 다다르니 이전과 마찬가지로 멀끔히 차려입은 사람들이 힘찬 발걸음으로 각자의 사무실로 출근 중이었다. 번쩍거리는 엘리베이터에 몸을 실어 22층으로 향했다. 더 이상 '면접자'가 아닌 '구글러'로.

로비에서는 내 첫 면접을 봤던 매니저가 나를 기다리고 있었다. 힘찬 악수를 시작으로 그는 내 자리를 안내해주고는 넓은 사무실을 성큼성큼 돌아다니며 각 자리마다 앉아 있는 직원들에게 나를 소개해주었다. 방을 차지하고 계신 다른 매니저들도 자리에서 일어나 악수를 청하며 새로운 구글러의 합류를 반가워해주었다. 온종일 인사를 하고 다니는 동안 매니저는 퇴근 후 나를 위한 웰컴디너 계획을 세웠고, 스무 사람이 넘게 참여한 즐거운 자리에서는 소주잔 대신 우아한 와인잔이 오갔다. 사무실 분위기가 어쩌면 이렇게 밝고 젊고 활기찰 수 있을까.

그 후 나머지 일주일의 오리엔테이션 기간 동안 꿈같은 시간들이 계속되었다. 밝은 초록색 파티션으로 둘러싸인 내 자리에는 면접 볼 때 구경했던 반짝이는 24인치짜리 모니터 두 개와 상당한 가격표를 자랑할 것 같은 큼지막한 컴퓨터 의자가 놓였다.

컴퓨터를 켜고 처음으로 google.com 이메일 주소로 로그인을 해 이리저리 둘러보며 화면 설정을 바꿔보고 있자니, 사내 메신저로 사원증 사진을 찍으러 오라는 '핑'이 도착했다. 하얀 벽을 배경으로 사진을 찍고 임시 사원증을 받아 자리로 돌아오니 이번에는 '테크스톱(Techstop)'으로 노트북을 받으러 오라는 핑이 와 있었다. 맥과 PC 중에서 선택할 수 있고, 모델도 선택할 수 있었다. 뿐만 아니라 상사의 '오케이'만 얻어내면 원하는 마우스나 스크린 보호대 등 편하게 일을 하기 위해 필요한 물품은 모두 신청할 수 있었다. 거기에 구글스토어를 통해 회사 로고가 박힌 티셔츠, 팀 후드티, 마우스 패드 등의 다양한 회사 상품을 살 수 있는 30만 원 상당의 상품권과 5천 원만 내면 30분간 받을 수 있는 마사지 서비스까지.

　점심시간만 되면 널찍한 홀에는 두 종류의 밥과 갖가지 반찬이 즐비했고, 샐러드바에는 여러 가지 요리, 빵, 국에 냉면이나 파스타 등의 별식까지 한상 가득 차려졌다. 밥뿐이겠는가. 디저트에 에스프레소 머신, 그리고 편의점을 연상케 하는 몇십 가지의 음료수로 가득 찬 냉장고와 과자, 과일 등의 간식까지. 역삼역 어느 빌딩에서 일하든 상관없이 11시 50분만 되면 우르르 쏟아져 나오는 직장인들의 전쟁터를 방불케 하는 치열한 점심시간과는 달리, 구글에서의 런치타임은 여유로웠고, 원하는 대부분의 음식을 골고루, 그리고 온종일 먹을 수 있었다. 매일 한 잔에 4, 5천 원씩 하는 커피 값도 절약하는 건 물론이었다.

　무엇보다 나를 들뜨게 한 건 글로벌함이 느껴지는 회사 시스템이었다. 내가 들어간 팀은 검색품질(Search Quality)팀이었고, 한국에서는 나를 시작으로 나머지 팀 구성원을 꾸려가는 참이었다. 이미 일본 도쿄, 중국 베이징, 아일랜드 더블린, 미국 마운틴뷰, 인도 하이데라바드에는 작게는 열 명여, 크게는 몇십 명으로 이루어진 팀들이 운영되고 있었다. 입사 후 며칠 내로 내 매니저는 각 나라의 팀과 미팅 스케줄을 잡았고, 어리바리한 상태로 들어간 미팅룸에서 나는 화상미팅을 통해 전 세계에 있는 검색품질팀 소속의 구글러들과 얼굴을 마주하며 인사를 나누게 되었다. 구글 직원 계정으로 로그인하면 디렉토리 검색을 통해 전 세계에 있는 구글러들의 부서와 연락처 등을 알아낼 수 있었고, 화상미팅 스케줄을 잡을 때에는 어떤 미팅룸이라도 한국에서 원격으로 직접 예약이 가능했다. 그렇게 오픈된 시스템에서 나는 단지 구글코리아의 직원이 아닌, 정말 하나의 글로벌 회사의 일원이 된 기분이었다.

그렇게 구름 위를 둥둥 떠다니다 인사팀 매니저와 미팅을 할 일이 생겼다. 바로 연봉 얘기. 대학 졸업 후 거의 첫 직장이기도 했고, 한국에서의 평균 연봉에 대한 어느 정도 감은 있었지만, 그래도 구글인데, 라는 막연한 기대감을 갖고 매니저의 사무실로 향했다.

그렇지만 그런 기대를 마음속으로 했다는 것이 민망할 만큼 책정된 연봉은 2008년 IT/정보통신 대졸 초임연봉 평균, 딱 그 정도였다. 정신 차리라는 현실에 머리를 한 대 쥐어박히니 표정관리가 제대로 되고 있을 리 만무했지만 어쨌든 나는 이미 예상했던 수치라는 듯한 미소를 지으려 애를 쓰고 있었다. 담당자는 더 할 말이 없는지 싱글싱글 웃으며 나를 바라보고 있었고. 뭔가 아쉬운(?) 마음에 겨우 기어들어가는 목소리로 말문을 열었다.

"…저기… 혹시… 네고 가능한 부분은 없다고 보면 되나요?"

"네, 없습니다."

내 질문이 끝나기 무섭게 던져진 명료한 답변에 쑥스러운 웃음을 지으며 자리에서 얼른 일어났다.

민망한 마음은 자리로 돌아오자마자 매니저가 전해준 소식에 어느새 잊혀졌다. 구글에 입사한 지 한 달도 채 되지 않았는데 캘리포니아 마운틴뷰에 있는 본사로 2주간 트레이닝 겸 출장 일정이 잡혔다는 것이다. 일보다 머릿속을 먼저 채운 건 남자친구를 무려 2주 동안이나 볼 수 있다는 엄청난 희소식이었다.

그때 우리는 한국과 미국을 오가며 1년째 장거리 연애 중이었고, 아무리 시간을 빼고 돈을 써도 서너 달에 한 번, 길어야 3박 4일의 일정으로 얼굴을 보며 이메일과 전화에 기댄 애틋한(스트레스 받는) 만남을 이어오고 있던 차였다. 안 그래도 마지막으로 본 지가 어언 세 달째, 비행기표를 찾아보다 통장잔고를 보며 한숨을 쉬고 있던 중이었다. 무박 2일의 사막횡단 도중 오아시스를 만난 기분이랄까!

구글러로 처음 방문한 구글 본사는 정말 어마어마했다. 샌프란시스코 남부에 위치한 한적한 동네에 넓게 펼쳐진, 마치 대학 캠퍼스를 연상케 하는 구글플렉스(Googleplex)는 참 아름다웠다. 푸르른 하늘에 반짝이는 잔디밭과 나무들, 선선한 산들바람을 맞으며 한적한 도로를 따라 자전거로 이동하는 구글러들. 수영장과 비치발리볼 코트까지 설치된 모래밭에 야외에서 식사할 수 있는 테이블과 분수대… 이건 진짜 공원인지 사무실인지 분간이 되질 않았다. 끊임없이 눈 돌아가게 하는 이곳에서 일이 눈에 들어올까 걱정이 됐다.

출장이 잡힌 가장 큰 이유 중 하나는 우리 팀이 속한 구글 내부 조직의 대형 컨퍼런스였다. 매년 열리는 이 컨퍼런스에 참가하기 위해 다른 나라에서도 많은 팀들이 참가했고, 덕분에 한국에서 화상미팅으로만 보았던 얼굴들을 직접 대면할 수 있었다. 다른 나라의 매니저들은 한국의 특수한 인터넷 환경과 '신기하게도' 구글을 선호하지 않는 한국 사용자들에 대해 높은 관심을 보였다. 덕분에 내 생활은 매일 끊임없는 미팅의 연속이었다.

제일 인상 깊었던 미팅은 금요일 오후 5시마다 본사 카페테리아에서 열리는 TGIF 미팅이었다. CEO였던 에릭 슈미트부터 그 주에 입사한 구글러까지 모두가 모이는 그 자리는 미팅이라기보다는 대부분의 업무가 마무리되는 무렵, 맥주를 마시며 편한 분위기에서 회사에 대한 전반적인 업데이트를 공유하는 시간이었다.

제일 놀랍고 신기했던 건 업데이트가 끝난 후 누구나 직접 CEO와 창업자들, 그리고 부사장들에게 하고 싶은 질문을 할 수 있는 Q&A 시간이 주어진다는 점이었다. 질문 하나하나에 그들은 최선을 다해 성심껏 답변했고, 당장 거기서 무언가가 이루어지거나 해결되는 건 아니었지만(물론 CFO가 크리스마스 보너스를 직접 현금으로 뿌리는 퍼포먼스를 하는 등 두고두고 회자되는 TGIF도 있다) 그렇게 자유로운 분위기에서 '돌직구'로, 소위 말단 사원이 CEO에게 문제 제기나 질문을 할 수 있다는 점이 충격으로 다가왔다.

미국에서 오래 생활한 나에게도 구글 본사에서의 경험은 무척이나 신선했고, 구글이 얼마나 대단한 회사인지 새삼 깨닫는 계기가 되었다. 게다가 본사에서 직접 만난 다른 나라의 팀원들은 한국의 인터넷 문화에 깊은 관심을 보이며 다양한 아이디어로 나를 자극했다. 그렇게 2주간의 출장 후, 나는 이글이글 타오르는 애사심과 의욕을 가득 안고 한국으로 돌아왔다.

20대 대졸 여자는 좀
나긋나긋해야지

본사의 으리으리한 카페테리아에서 글로벌 매니저들과 함께 밥을 먹고 래리 페이지와 세르게이 브린(구글의 창업자 두 명)을 실제로 보고 나니 이제 정식으로 구글러가 된 기분이 들어서였을까. 마운틴뷰에서 돌아온 후 출근하는 내 어깨에는 한층 더 힘이 실려 있었다. 나 한 명으로 시작했던 한국의 검색품질팀은 어느덧 네 명으로 인원이 늘었고, 매니저의 적극적인 의사소통으로 우리 팀에 주어지는 일도 점점 늘어갔다. 이메일로 많은 업무를 처리하는 회사 시스템 덕분에 컴퓨터 앞에서 보내는 시간은 점점 늘어갔고, 야근을 하는 날도 잦아졌다.

그렇지만 일정 근무시간을 넘기면 나오는 저녁 수당으로 근처 식당에서 밥을 먹을 수 있었고, 편한 소파와 간식거리가 널린 쾌적한 사무실 환경에서 조용히 일을 하는 건 퇴근 후 답답한 내 방에서 쉬는 것보다 오히려 더 좋았다.

중학교 때 미국으로 넘어가 대학교까지 마치면서, 언어보다 훨씬 더 습득하기 어려웠던 건 바로 능동적인 커뮤니케이션이었다. 그때까지 내가 익숙했던 수업환경은 교단에 서 있는 선생님의 말을 그대로 받아적고, 그대로 외우는 것이 당연한, 아예 처음부터 쌍방향 커뮤니케이션은 고려조차 하지 않는 한국의 학교와 학원이 전부였다. 누가 질문이라도 할라치면 엄청나게 눈치를 봐야 하고, 어쩌다 질문을 던지는 선생님이 있다 하더라도 쥐죽은 듯 조용해지는 50명의 학생들로 꽉 찬 교실.

그런데 미국으로 오니 딴판이었다. 궁금한 것은 물어봐야 하고, 의문이 드는 것에는 이의를 제기해야 하며, 적극적으로 내 생각을 전달하고 그에 대해 이야기해야 했다. 처음에는 그것이 엄청난 스트레스로 다가왔다. 다들 손을 번쩍 들어 질문을 하고 의견을 말하는 가운데, 조용히 앉아 있는 나는 오히려 튀었다. 선생님들은 그런 나를 지목해 더 질문을 하고 더욱더 말을 하도록 유도했다. 대부분 머릿속이 백지 상태였던 나는 선생님이 내 쪽을 쳐다보기만 해도 움찔하며 고개를 푹 숙이기 일쑤였다.

학생의 적극성과 참여도가 성적에 고스란히 반영되는 학교 시스템에 매 수업이 스트레스로 다가오다 보니 살아남기 위해서는 내가 바뀌어야 했다. 나만의 생각을 얘기하고, 손을 들어 질문을 하는 것이 조금씩 덜 불편해지면서, 대학생이 되어서는 그런 것들이 오히려 당연하고 즐겁게 느껴졌다.

미국에서 살아남기 위해서, 더 발전하기 위해서 그렇게 키워왔던 능동적인 목소리는 나의 의욕을 바탕으로 구글에서도 신나게 발휘되었다. 무언가 공유하고 의견을 구할 일이 조금이라도 있으면 이메일을 돌리고, 미팅도 얌전히(?) 끝내기보단, 찬성이든 반대든 꼭꼭 내 생각을 얘기하고 상대방의 생각을 듣고 싶어 했다. 아니, 그것이 당연한 것이라고 생각했다. 어쨌든 구글은 미국 회사 아니었느냐고.

당연히 옳은 것이라고 생각했던 내 열정적인 커뮤니케이션은 차츰 그 부작용을 드러내기 시작했다. 질문을 던지면 그냥 좋게 좋게 가자는 답변이 돌아오기 시작했고, 회의실을 조용히 채우는 침묵에 어색하게 미팅을 마무리해 버리는 날도 종종 생기기 시작했다. 내 일방적인 열정을 점검하는 대신, 나는 내 커뮤니케이션을 '따라오지 못하는' 다른 이들을 답답해했다.

한창 업무로 바쁘던 어느 날 오후, 회의가 끝나고 사무실로 돌아온 우리 팀은 각자의 자리로 돌아가 앉았다. 그러나 나는 결론 없이 끝난 회의가 마냥 찜찜하기만 했다. 그래, 이번엔 그냥 넘기자, 라며 마음을 다스리고 회의록을 쓰고 있는데 답답함이 불쑥불쑥 치고 올라왔다. 잠시 자리를 피해 산책을 하며 머리를 비우고 자리로 돌아오니, 동료 둘이 뭔가 한참 보면서 킥킥대고 있었다. 시선은 내 모니터를 향해 있었지만 신경은 뒤에 가 있던 내 귓가에 여자 연예인들의 이름이 얼핏 들려왔다.

'세상에나, 지금 설마 연예인 얘기를 하고 있는 거야?'

이어폰을 끼고 당장 앞의 회의록에 집중해보려 했지만 마음속 불편함이 점점 커져갔다. 그리고 분노. 아 놔, 회의는 흐지부지 마무리하고 업무 시간에 저런 잡담이라니. 대놓고 얘기하기엔 부담스러웠지만 그렇다고 등 돌리고 모른 체한다고 일을 할 수 있는 상황도 아니었다. 결국 나는 이어폰을 빼고 헛기침을 한 번 했다. 그리고 짐짓 모른 체 한 마디 던졌다.

"우리 미팅 노트 당장 매니저한테 보내야 하는데 확실한 결론이 없어서요. 지금 다시 얘기하죠?"

그제야 고개를 든 팀원들은 뭐 그냥 얘기가 된 대로 좀 정리해서 보내면 되지 않느냐고 반문했고, 나는 다시 한 번 확실한 결론이 필요한 이유에 대해 읊기 시작했다. 이러기를 몇 번.

"그럼 주원 씨가 알아서 하세요, 그냥."

조금은 격양된 톤으로 한 사람이 짜증을 냈다. 얼굴이 확 붉어졌다. 다시 이어폰을 끼고 애써 모니터에 집중하려 애쓰길 한창. 문득 시계를 보니 어느덧 여섯 시가 넘어 있었고, 팀원들은 하나둘씩 자리에서 일어나 가벼운 목례 후 사라졌다.

기분이 씁쓸했다.

'이렇게 열심히 할 필요가 없는 건가?'

작성 중이던 문서를 저장한 후 주섬주섬 짐을 챙겨 퇴근 준비를 하기 시작했다. 자리에서 일어나다 건너편 회사 선배와 눈이 마주쳤다. 여느 때와 마찬가지로 가볍게 고개를 숙여 인사하고 로비로 향하려던 차, 선배가 손짓을 했다. 사무실은 이미 텅 비어 있었고, 큐비클에는 우리 둘만 남아 있었다. 영문을 몰라 멀뚱히 서 있는 내게 선배가 말했다.

"주원 씨는 너무 나이답지 않은 거 같아."

더 모르겠다는 표정으로 쳐다보는 내게 그녀는 말을 이어갔다.

"이제 대학 졸업한 젊은 여자직원인데 좀 그 나이다워져야 할 것 같아요."

표정관리를 할 수가 없었다.

"아, 네."

고개를 끄덕이며 인사를 급히 한 후 나는 서둘러 사무실을 빠져나왔다. 객관적으로 돌아보려는 생각 대신 다시 한 번 반발심이 치밀어올랐다. 내가 맞는다고, 배운 건 이게 아니라고.

'이건 구글 문화가 아니야.'

하지만 내가 갖고 있던 회사생활에 대한 환상을 깨뜨리는 것은 그 사건 하나만이 아니었다. 구글은 여러 곳의 나라에 수십 개의 사무실과 수만 명의 직원을 고용하고 있는 글로벌 대기업. 소위 인터넷 강국이라 하는 한국이지만 실제 구글 제품에 대한 인지도나 사용 빈도수를 놓고 보자면 한국은 전체 순위에서 밀릴 수밖에 없는 상황이었다. 그런데다가 여느 회사와 마찬가지로 구글은 원래 회사가 가지고 있는 색깔이 변질되거나 흐려지는 것에 대해 주의가 깊었다. 쉽게 말해 강경한 본사 방침.

네이버와 다음 등 굵직한 현지 포털들이 버티고 있는 마켓에서 내가 맡은 일 중 한 가지는 한국 사용자들과의 직접적인 커뮤니케이션이었다. 포털 구조에 익숙한 사람들에게 인터넷 생태계에 대해 교육을 하고, 지메일 등 구글 제품에 대한 프레젠테이션을 하고, 온라인 포럼을 운영하고.

그런데 이 부분에서 제약이 굉장히 많았다. 구글이 추구하는 철학 중 하나는 그 프로젝트나 제품이 '스케일러블(Scalable)' 해야 한다는 것이었다. 사전에서 찾으면 '확장·축소하여도 난조가 생기지 않는다'는 뜻의 단어. 다시 말해 자동화가 되어야 한다는 것이다. 회사가 일일이 동영상을 업로드하지 않아도 유저들이 콘텐츠를 자발적으로 만들어내며 추가적인 리소스 투자 없이 유튜브라는 방대한 동영상 커뮤니티가 이루어진 것처럼.

때문에 회사에서는 자동화가 이루어질 수 없는 전화응대는 절대 반대했다. 그리고 웬만큼 급한 상황이 아니면 일대일로 이루어지는 사용자와의 이메일 응대는 매우 꺼려했다. 사용자가 구글 검색과 제품을 사용하며 생기는 질문이나 문제 해결에 대해 당시 구글이 제공하는 유일한 방식은 Q&A 게시판 같은 '온라인 포럼'이었다. 그러나 구글의 의도는 구글 직원이 답을 해주는 것이 아닌, 사용자들이 서로 토론을 통해 문제 해결을 하는 것이었다. 왜냐, 리소스가 추가적으로 들어가면 안 되니까.

미국 등지에서는 이 포럼이 썩 괜찮게 돌아가고 있었다. 워낙 많은 사람들이 구글을 사용하고, 전문가들도 많이 참여하는 상황에서 굳이 구글 직원이 일일이 답을 해줄 필요가 없기 때문이다. 가끔씩 직원이 개입하거나 회사가 검토해야 할 문제들이 생기면, 담당 구글러가 보고를 하면 큰 문제없이 해결되곤 했다. 그렇지만 한국에서는 쉽지 않은 시스템이었다. 처음 이 게시판에 들어가 보니, 가뭄에 콩 나듯 띄엄띄엄 질문들이 올라와 있었고, 그에 대한 답변 글은 한 개도 달려 있지 않았다. 유일하게 달린 댓글들은 똑같은 사용자가 허공에 대고 반복하는 불평불만 메아리.

'참담하네.'

다른 교육 프로젝트 등과 병행하며 포럼에 대한 홍보를 하다 보니 좀 더 많은 사용자들이 들어오기 시작했다. 그렇지만 그중 나를 도와 문제 해결을 도와줄 구세주는 아무도 보이지 않았다. 마음 같아서는 올라오는 질문들에 일일이 댓글을 정성껏 달아주고 싶었지만, 그런 의존성을 키우면 안 된다는 방침에 대부분 내버려둘 수밖에 없었다. '토론장'이라는 의미를 내세우는 포럼이라는 타이틀이 무색할 정도로 토론은커녕 댓글 한 개 달리지 않는 이곳. 글 하나하나 읽을 때마다 나는 갈등하기 시작했다. 답변을 달아야 하나 말아야 하나 그것이 문제로다.

본사의 노력(?)에도 불구하고 해당 포럼은 구글 고객센터 게시판으로 소문이 나기 시작했다. 가끔씩 고수 유저가 답글을 달아주는 경우가 있기도 했지만, 대부분은 당연히 구글 직원인 나의 답변을 기대하고 있었다. 아침에 포럼을 열어보기가 무서울 정도로 글들이 올라오기 시작했으며, 100퍼센트 답변을 해주지 않는 운영방식에 대한 비판 글도 보이기 시작했다. 한국에서의 운영방식은 좀 달라야 하지 않나, 라는 문제 제기에 본사의 답변은 언제나 '스케일러블하지 않다는 이유로 불가함'이었다. 나는 출근 전부터 스트레스를 받기 시작했다.

포럼에 대한 스트레스가 공포로 바뀐 건 며칠 후였다. 그동안 미뤄둔 다른 일들을 하고 있는데, 내 휴대전화에 모르는 번호가 떴다. 받자마자 삭제 문의로 전화했다는 한 사용자. 겨우겨우 설득해 이메일로 연락을 해달라 하고 전화를 끊고 나자 두려움이 확 밀려왔다.

'어떻게 내 번호를 알아냈지?'

그 다음 날, 갑자기 로비에서 큰소리가 들려왔다. 구글 때문에 죽겠다는 어떤 남성이 격양된 목소리로 포럼 담당자를 불러달라고 소리치고 있었다. 직접 구글과 대화할 수 있는 이메일 주소도, 전화번호도 없자 답답한 마음에 아예 사무실로 쳐들어오기까지. 뜨악했다. 진짜 밤길을 조심해야 하는 건 아닌지 무서워졌다.

이런 일들이 있을 때마다 어찌어찌 마무리가 지어졌지만, 그때뿐이었다. 좀 더 한국적인, 한국 사용자들이 받아들일 만한 커뮤니케이션 방식에 대한 아이디어는 본사 방침에 부딪혀 매번 흐지부지되었고, 결국 포럼은 제대로 운영도 해보지 못한 상태에서 잠정 폐쇄되어버렸다.

자유로운 분위기에서 다양한 아이디어로 구글 현지화에 일조하고 싶었던 나의 순진한 열정은 이를 계기로 움츠러들기 시작했다. 현실과 어떻게 타협해야 할지 몰랐던 나는 점차 수동적이 되어갔다. 한국 문화이니까. 본사 방침이니까, 를 중얼거리며.

공짜 점심에 나태해지는
청춘의 영혼

그렇게 조금은 식은 열정. 그러나 구글이 제공하는 달콤한 복지는 마이너스인 열정도 돌아오게 할 만큼 풍족했다. 오히려 늘어나는 혜택들. 제일 잘 알려진 혜택 중 하나인 풍성한 뷔페식의 점심과 저녁을 제공하기 시작한 본사의 이유는 단순히 편리함 때문만은 아니었다. 그렇게 캐주얼하고 편안한 자리에서 직원들이 대화를 나눌 때 더 좋은 아이디어가 나올 수 있다 믿었고, 사무실의 편안한 분위기도 그에 따라 의도한 것이었다. 심지어 각자의 큐비클이나 사무실 데코레이션에 대한 예산이 따로 나올 정도.

물론 이런 회사의 배려 덕분에 직접적으로 업무에 관련된 좋은 아이디어들도 나오긴 하지만, 업무 외 다른 스트레스 요인들을 대폭 줄이는 것 자체가 일에 큰 도움이 되었다.

그러나 역시 인간은 이기적인 동물. 처음에는 과분하다 느껴지는 것들이 익숙해지면 당연하게 느껴지는 것 말이다. 한국도 본사만큼의 스케일은 아니지만 매일 다른 메뉴로 뷔페 점심이 풍성히 차려졌으며, 음료수와 간식도 항상 다양한 종류가 구비되어 있었다. 그렇지만 어느새 자연스럽게 메뉴에 대한 불평불만도 들려오고, 이런 간식, 이런 음료수가 추가되었으면 좋겠다는 의견들도 나오기 시작했다. 뷔페 특성상 쉽게 발생하는 남은 음식들에 마음이 무거워지던 차, 마침 본사 출장 중 목격한 버려지는 음식들의 양은 경악할 수준이었다. 한술 더 떠 저녁에는 가족들까지 동원해 밥을 해결하고 가는 경우도 심심찮게 보였고, 거기에 다음 날 먹을 셈인지 테이크아웃을 몇 박스씩 챙기는 직원들도 보였다.

이런 광경들을 보며 혀를 차는 나 자신도 사실 크게 달라지는 건 없었다. 처음에는 감사하는 마음으로 하루에 한 개씩 꺼내먹던 음료수는 차츰 몇 모금 마시고 버리는 경우가 많아졌으며, 수많은 간식 앞에서 먹을 것이 없다고 한참을 고민하는 것이 일상이 되어버렸다.

그래도 여느 직장인들처럼 11시 49분부터 전쟁 준비를 시작하지 않아도 편하게 점심을 먹을 수 있는 건 확실한 혜택이었다. 굳는 점심 값, 간식 값, 커피 값(물론 바람을 쐬러 근처 카페에 종종 나가기도 했지만)도 상당히 쏠쏠했다. 거기에 두 시간 이상 야근 시 떨어지는 저녁 수당. 평소에 부담되었던 치과 치료비에, 처방전을 받으면 안경테 장만부터 안과 비용까지 지원받을 수도 있었다. 우리 팀 자리에는 자기계발 및 여가활동 예산으로 구매한 여러 권의 도서와 48인치 모니터에 플레이스테이션까지 놓여 있었다. 많은 이들이 대부분 구글 연봉은 엄청날 것이라고 오해를 하는데, 이런 다양한 복지로 내가 굳힌 돈을 생각하면 오해가 오해가 아닐 수도 있다는 생각이 든다.

그렇게 내 월급은 통장을 스쳐 지나가는 대신 잘 모였고, 재테크에 깊은 관심이 없어도 주머니 사정은 편해졌다. 천 원, 이천 원 따져가며 밥을 사먹던 학생시절과 달리, 만 원, 이만 원 차이는 더 이상 크게 상관없는 액수가 되었고, 오랜만에 친구를 만난 그날도 회사 근처에 새로 생긴 모던한 홍콩 레스토랑에서 밥을 먹기로 했다. 8시 넘어서 야근 수당도 받을 수 있으니까 내가 낸다고 큰소리를 치며.

학교 졸업 후 무역회사를 몇 달 다니다 사업을 해보겠다고 퇴사한 내 친구는 무척이나 피곤해 보였다. 적은 본인 돈으로 시작하는 터라 신경 쓸 것이 너무 많다며 그는 악착같이 세금계산을 하고 지원금 프로그램을 알아보며 하루하루를 보내고 있었다. 거기에 각종 카드 혜택이며 연말정산 얘기를 늘어놓는데, 사실 나는 건성으로 듣고 있었다.

꼼꼼히 신경 쓰지 않아도 돌아가고 있는 내 금전 실정, 거기에 분기마다 나오는 보너스, 아등바등 여행자금을 모으지 않아도 출장을 통해 갈 수 있는 중국 베이징, 인도 하이더라베드, 미국 실리콘밸리 등등. 친구의 얘기는 나에겐 당장 공부하고 고민하지 않아도 되는 머리 아픈 얘기들에 불과했다.

한 번은 무슨 이유 때문인지 의료보험비가 두 배로 월급에서 공제된 달이 있었다. 확인해야 되겠다는 생각을 하면서도, 좀 귀찮으니까. 복잡하니까. 이 나라는 뭔 세금이고 보험료가 이렇게 많아, 라고 무식한 투덜거림을 내뱉으며 넘어가 버렸다. 어차피 저번 달에 나온 보너스 좀 덜 받은 셈 치지, 라며.

그렇게 구글이라는 버블 안에서 나는 점차 나태해져 갔다. 기본적인 경제공부뿐만 아니라 일에 대한 전반적인 태도도 말이다. 안 그래도 이상을 앞세우다 한 대 맞고 의기소침해져 있던 차에, 헝그리 정신까지 사라지며 능동적으로 일을 주도할 마음이 생기지 않았다. 밥 먹듯이 야근하며 열정을 불태우던 첫해와 달리, '칼퇴근'을 자랑스럽게 여기기 시작했으며, 사랑하던 사무실을 버려두고 재택근무를 틈틈이 애용하기 시작했다. 친구와 한 잔을 기울이며 달린 다음 날이면 특히나 더. 가끔은 죄책감이 들기도 했지만, 워낙 자유로운 회사 업무 환경에 아무도 내게 뭐라 하는 사람은 없었다. 딱히 나 홀로 튀는 행동을 하는 것도 아니었고 말이다.

옥박지르고 야근을 강요하는 상사도 없었다. 우리 팀의 매니저는 일주일마다 화상채팅으로만 만날 수 있는 무려 4,000킬로미터가 넘는 거리에 있는 인도 구글러였다. 적당한 커뮤니케이션만 정기적으로 해주면 당장 아무 문제가 없었다. 책상 앞에 앉은 내 자세는 점점 옆으로 삐딱하게 기울기 시작했고, 점점 업계동향 파악을 핑계로 페이스북과 포털 뉴스를 브라우징하는 시간이 늘어났다. 그런데 헝그리 정신이 빠져나간 그 틈을 메우는 건 단지 나태함뿐이 아니었다.

추운 초겨울 오후, 외부 인터넷 교육 일정이 잡혀 있어 선릉역 근처로 외근을 나갔다. 바삐 건물에 도착해 들어가려는데 누군가 나를 불러 세웠다. 돌아보니 커피 얼룩이 묻어 있는 빛바랜 하늘빛 셔츠 차림의 경비아저씨였다.

"어떻게 왔습니까?"

"오늘 여기 회사에서 교육이 있어서요."

나를 위아래로 쳐다보던 아저씨는 어디서 왔느냐고 물었다. 약간의 미소를 머금고 나는 '구글'이라 답했다. 그리고 들어가려는 찰나.

"어디라고? 고글?"

"아니요, 구, 글, 이요. 구글 모르세요?"

점점 나를 의심의 눈초리로 쳐다보던 아저씨는 연락처와 이름을 적어놓고 올라가라며 또 한 번 나를 잡았다. 귀찮은 티를 팍팍 내며 전화번호를 휘갈겨 적고는 도망치듯 엘리베이터에 올라탔다.

"무슨, 구글도 몰라."

교육이 열릴 회의실에 들어가니 이미 사람들이 꽤 들어차 있었다. 내 나이 또래로 보이는 여직원은 연신 싸구려 믹스커피를 정성스레 타 열심히 나르고 있었다. 나에게도 한 잔 권하기에 거절했다.

'이따 사무실 들어가면 원두커피 내려 마셔야지.'

프레젠테이션을 화면에 띄우고 죽 둘러보니, 앉아 있는 직원들은 대부분 사오십대로 보이는 은갈치 양복 차림의 남자들과 검은 정장과 구두 차림의 어린 여직원들이었다. 그때 앞에 앉아 있는 한 부장님스러운 아저씨가 손짓으로 나를 불렀다.

"오늘 교육하실 분은 누군가?"

"전데요?"

경비아저씨와 마찬가지로 커피 얼룩이 묻은 셔츠 차림의 부장님은 나를 똑같이 의심스러운 눈초리로 쳐다봤다. 알록달록한 구글의 로고가 엠보싱으로 박힌 명함을 한 장 건네드리니 그제야 살짝 경계가 풀리는 눈빛.

강의가 시작되니 깔끔한 디자인의 슬라이드에 담긴 전문적인 내용과 화려한 애니메이션에 그는 내가 구글러라고 드디어 설득이 된 듯했다. 잘 들어두라고 직원들에게 연신 강조를 하는 그의 기침 섞인 잔소리에 다른 직원들은 영혼 없이 고개를 끄덕일 뿐이었다. 내 앞에 일렬로 앉아 고3 학생들처럼 열심히 필기를 하는 그들을 보고 있노라니, 마치 내가 인터넷 교육을 통해 그들을 구제하러 온 듯한 착각이 들 정도였다. 강의 내내 질문은 전혀 없었다. 마치 감히 어떻게 구글에 의문을 품느냐, 하는 듯한 분위기. 강의를 끝내자 열심히 박수를 친 아까 그 부장님은 똑같이 손짓으로 여직원 한 명을 불렀다.

"미스 김, 오늘 강의 내용 정리해서 퇴근 전에 다 보내드려."

시계를 보니 다섯 시 사십오 분.

'어이쿠, 칼퇴근은 날아갔군.'

내가 2007년 처음 한국에 들어와 면접 보러 다니던 시절 느꼈던 '한국적인' 업무 환경에 대한 포비아가 되살아났다. 대놓고 권위와 성차별 발언을 날리는 상사. 굳건한 상하구조에 맞추어 무조건 '옛썰'을 날리며 답답한 정장 차림으로 야근을 밥 먹듯이 해야 하는 대졸사원들. 아무도 이의제기를 하거나 질문을 던지지 않는 수동적인 모습들. 그렇게 마주치기 두려워했던 지극히 한국적인 사무실 분위기를 벗어나 서둘러 역삼동 스타타워로 돌아가니 안도감마저 들었다. 저런 곳에서 도대체 어떻게 일을 하는 걸까.

그 후에도 다른 회사들에서의 외부 교육은 계속해서 이어졌다. 그런데 그때마다 타 사무실의 열악하고 고리타분한 환경이 불편하기 짝이 없었다. 반말을 찍찍 쓰는 '컴맹' 부장님, 칙칙한 칸막이와 작은 컴퓨터 모니터, 어느 준비실이나 어김없이 진열되어 있는 믹스커피와 녹차를 보고 있노라면 한숨마저 나왔다. 직접 얘기를 나눠본 적도 없으면서 사원으로 보이는 내 나이 또래의 여직원이 보이면 저절로 겹치는 '미스 김'에 대한 선입견까지. 업무 관련 대화를 나누며 부딪히는 경우는 십중팔구 그들이 무식해서, 앞서가는 구글을 이해하지 못하니까, 라고 치부하기 일쑤였다.

그러던 어느 날 퇴근 후 예전 서울대 행사 관계자분들과 교수님들과의 저녁약속으로 지하철을 기다리고 있던 중, 스크린도어에 비친 내 모습이 눈에 들어왔다. 구글 로고가 박힌 노트북 가방을 자랑스럽게 들고 아메리카노를 홀짝거리며 우월감에 차 있는 모습. 퍼뜩 학창시절 꿈꾸던 내 자신의 모습이 떠올랐다. 어떤 환경이든 빠르게 적응하며 다양한 배경의 사람들과의 소통을 통해 사회적인 족적을 남기는 능력자. 그런데 어느덧 그토록 경멸하던 엘리트주의가 내게 스며들어 있었다. 게다가 원두커피와 이중 모니터가 없으면 일도 못하는, 연장 탓하는 목수의 재수 없는 나약함까지. 원하던 방향과 정반대로 변해가고 있는 내 모습에 갑자기 마음 한편이 무거워졌다.

'그래, 이러면 안 되지.'

저녁 장소는 서울역에 위치한 한 경양식 집이었다. 오랜만에 만난 교수님들과의 자리는 어색했다. 너무나도 다른 환경에서 1년 남짓의 시간을 보내고 나니, 저녁 자리에서의 일방적이고 권위적인 대화는 더 불편하게 다가왔다. 그리고 나는 그때와 마찬가지로, 제일 끝자리에 별 말 없이 얌전히 앉아 있을 뿐이었다. 가끔씩 종업원을 급히 불러야 할 때나 나설 뿐. 교수님들의 담소를 흘려들으며 딴 생각을 하던 중, 음식이 나오기 시작했다.

90년대 이후로 처음 마주하는 멀겋고 텁텁한 크림수프. 달기만 한 깍두기. 오뚜기 케첩과 마요네즈를 정확히 일대일 비율로 섞은 '샐러드 드레싱'에 버무려진 양배추채. 마카로니 샐러드와 돈까스. 거기에 오비

맥주. 어제 회식자리에서 먹었던 볼로네제 부카티니와 끼안티 클래시코 한 잔이 생각났다. 아까 잠시 했던 반성은 어디로 날아갔는지, 그 음식들이 그렇게 고리타분하고 촌스럽게 느껴질 수 없었다. 깨작거리며 먹는 시늉을 하던 내 머릿속에는 한 가지 생각밖에 없었다.

'그래, 구글이 내가 있을 자리지.'

칭찬 속에
자라나는 열등감

크림수프와 깍두기의 충격 이후 나는 다시 뷔페 점심과 내 자리 옆 에스프레소 머신에 감사해하며 회사생활을 이어나갔다. 여태까지 깨진 환상도 다수 있었지만 어디 구글 밖의 세상에 비할쏘냐. 아무리 둘러봐도 이만한 환경은 없었다. 게다가 구글이라는 회사가 나에게 제공하는 건 풍요로운 복지뿐만이 아니었다. 구글러라는 타이틀만 있으면 사회 어디를 가든 누구나 인정하고 길을 비켜주었다. 마치 슈퍼마리오 게임에 등장하는 아이템인 슈퍼스타를 먹고 레인보우 마리오가 된 느낌이랄까. 직장이 어디세요, 라는 질문에 구글이라고 답하면 대부분의 사람들은 어머, 어머, 를 연발하며 나를 마치 귀빈 대접하듯 했다. 은행 상담원이건, 휴대전화 대리점 직원이건, 처음 뵙는 친구 어머님이건 모두가 나를 슈렉 고양이 눈으로 쳐다보며 친절히 대해주었다.

이런 일은 비단 한국에서만 있는 일은 아니었다. 미국에서도 마찬가지였다. 유학 시절 뻔질나게 드나들던 미국 공항 입국심사대. 공항 직원들은 필요 이상으로 의심의 눈초리를 번뜩이며 오버하는 경우가 많았다. 죄 지은 것도 없는데 괜히 긴장하고 떨게 되는 불쌍한 비시민권자 방문객들에 대한 권력 남용. 비싼 학비 내고 학교 다니러 간다는데도 무슨 무슨 기록이 없으니 추가 인터뷰를 해야 한다며 두 시간이나 붙잡혀 있던 적도 있다. 굳이 트집을 잡지 않더라도 딱딱한 말투로 왜 미국에 왔느냐, 언제까지 있느냐, 누구 만나러 왔느냐 등 퉁명스럽게 질문을 내뱉던 그들도 구글 앞에서는 달랐다.

첫 미국 출장길. 열세 시간의 비행을 마치고 입국심사대로 향했다. 예전과 마찬가지로 찾아오는 왠지 모를 긴장감. 한참을 기다린 후 무뚝뚝한 표정의 아주머니에게 여권과 서류를 건넸다. 여느 때와 마찬가지로 무슨 일로 왔느냐는 형식적인 질문이 던져졌다.

"출장차 방문했습니다."

"어디 근무하시죠?"

"구글이요."

오, 갑자기 변하는 그 표정이라니. 꽃분홍색 립스틱의 입술이 오우. 반쯤 감겨 있던 눈은 동글.

"오, 구글!"

싱글벙글 모드로 돌변한 그녀는 신나게 쾅쾅 도장을 찍으며 자기 아들도 구글에 취업하고 싶어 한다느니 지메일이 참 편하다느니… 계속

조잘댔다. 난 얼른 여권을 돌려받고 밖에서 기다리고 있는 남자친구와 상봉하고 싶은데 말이지.

그 이후에도 출장길로 미국을 드나들 때마다 항상 비슷한 분위기가 연출되었다. 묻지도 따지지도 않는 분위기. 예전에는 무슨 잠재적 범죄자 취급하는 눈길도 받았는데, 이렇게 상황이 달라지다니.

뭐, 구글은 항상 옳으니까.

그러다 서울에서 한창 열심히 활동하던 와인동호회 모임에 나갈 일이 생겼다. 와인을 한 잔씩 따르고 나니 어김없이 돌아오는 자기소개 시간. 회사 이름을 얘기하면 어떤 반응이 돌아올지 뻔히 알기에, 얘기를 할까 말까 살짝 고민이 되었다. 그러던 차 첫 스타트를 끊은 맞은편 남자는 어김없이, 어디 다니는 몇 살 누구입니다, 로 본인 소개를 했다. 그 뒤로 줄줄이 이어지는 회사, 나이, 이름 읊기의 향연. 그러다 내 차례가 돌아왔다.

"아, 저는 IT 쪽에서 일하는 스물여섯 안주원이라고 합니다."

아무래도 부담스러워 어물쩍 넘기려던 차 내 속도 모르는 문제의 맞은편 남자가 회사가 어디냐고 재차 물었다.

"아, 회사요. 저기, 구글, 이요."

구글이라는 얘기가 나오자마자 예상했던 대로 사람들의 격한 반응이 이어졌다. 난리도 이런 난리가. 갑자기 맥이 끊긴 자기소개에 다음 사람에게 괜히 미안한 마음까지 들었다. 어색한 미소를 지으며 어서 다음 분들 소개 마저 하자는 말로 화제를 돌렸다. 한창 와인을 마시며 다른 얘기를 나누던 중, 젠장, 맞은편의 그가 다시 화제를 구글로 돌렸다.

"근데 구글에서 무슨 일 하시는 거예요?"

검색품질팀에 있다고 대답하니 그럼 개발자인거냐, 프로그래밍도 하느냐, 라는 질문들이 돌아왔다.

'음, 그건 아닌데… 내가 뭐하지?'

"개발을 하는 건 아닌데 엔지니어분들과 같이 일하고 사용자들이 원하는 검색 결과를 위해 분석도 하고, 교육도 좀 해요."

이해하는 척하고 있지만 사실은 멍한 표정으로 듣고 있던 주변 이들은 다들 고개를 끄덕거릴 뿐이었다.

"오, 어쨌든 구글 가셨다니 공부 엄청 잘하셨나 봐요. 멋있어요."

화제를 돌리고 싶은데 아, 저 눈치 없는 인간. 난 다시 한 번 어색한 입꼬리 미소를 지으며 와인으로 화제를 돌리려 애썼다. 남은 시간 동안 다행히 더 이상 구글 얘기는 나오지 않았지만 집에 돌아오는 길, 내가 하는 일에 대해 제대로 설명하지 못한 것이 계속 마음에 걸렸다. 뭔가 그럴 듯한 일들을 나열하고는 있었으나 나는 이거다, 라고 딱 꼬집어 내세울 수 있는 전문성이 없었다.

사실 뭘 잘하고 싶은지 몰랐다. IT는 분명 내 관심 분야는 아니었다. 난 항상 손으로 무언가를 만드는 것이 좋았고, 다양한 사람들과 소통하는 것이 좋았다. 심지어 구글 면접을 보기 전 나의 새해 목표 중 하나는 인터넷과 휴대전화를 멀리하는 것이었다. 그렇게 타고난 열정이 부족한 필드에서 내가 이루고 싶은 비전을 세우는 일은 쉽지 않았다. 이런 내게 회사는 분기마다 고통스런 시간을 선사했다. 모든 직원이 본인과 팀원들에 대한 업무평가서를 에세이 형식으로 작성해야 했으며, 매니저와도 1년 후, 5년 후, 10년 후의 커리어 비전을 상담하게 했다. 나는 이 시간이 정말로 고역스러웠다. 아직 한 줄도 쓰지 못한 업무평가서를 모니터에 띄워놓고 썼다 지웠다, 를 반복하던 내 머릿속에는…

몰라.
모른다고.
관심 없다고.

라는 생각만 되풀이될 뿐.

분기 대 분기 계속되는 이 고문에, 지난번에 썼던 부분을 Ctrl+C와 Ctrl+V의 신공으로 짜깁기한 후 몇몇 단어와 문장구조를 적당히 바꾸어 제출하기 일쑤였다. 그렇지만 나의 심드렁함에도 불구하고 팀원들과 매니저의 피드백은 변함없이 긍정적이었다 (설마 그들도 Ctrl+C와 Ctrl+V?). 아니, 오히려 점점 평가가 좋아졌고, 계속되는 보너스에 프로젝트에 대한 아이디어로 이노베이션상까지 받았다. 급기야 입사 일 년이 조금 넘은 시점에는 대리로 승진이 되었다. 당연히 좋았다. 당연히 신났다.

그런데 말이지. 무언가 찝찝했다. 무언가 허무했다.

별로 노력을 하지 않아도 상관없이 칭찬을 받으니, 죄책감과 함께 일에 대한 괴리감이 점점 커져갔다. 그러면서 입사 최종 면접에서 톰이 물어봤던 질문이 생각났다. 왜 구글에 입사하고 싶은지. 그리고 내가 마음에서 우러나오는 대답을 하지 못했던 기억도 되살아났다. IT에 관심도 없는 주제에 있는 척하며 회사 이름과 복지만 보고 들어오려던 자에 대한 경고였던 걸까.

내 남자친구를 비롯한 주변 친구들은 한결같이 학사 전공과 직접적으로 관련 있(어보이)는 직장과 업무에 종사하고 있었고, 난 그게 그렇게 부러울 수가 없었다. 대학 입학 시에는 산업디자인, 중간에는 이벤트플래닝, 지금은 IT. 꾸준히 키워나가는 커리어 없이 갈팡질팡하는 내가 너무나 초라하게 느껴졌다. 주변 사람들은 믿을 수 없어 했지만 나는 항상 지독한 열등감에 시달리고 있었고, 이에 더욱더 부채질을 하는 사람은 아이러니하게도 사랑하는 나의 남자친구였다.

이제 도대체
어디로 가야 하지?

    대학 때부터 단짝이었던 나와 남자친구는 학창시절 매일같이 밥을 먹고, 같은 수업을 들으며 온종일 대화를 나누던 사이였다. 그렇지만 이제 태평양이란 거대한 바다는 우리에게 일 년에 고작 서너 번의 재회를 허락할 뿐이었다. 휴가에, 주말에 아무리 시간을 붙여봐도 고작 4~5일의 기간. 너무나 다른 업무 스케줄에 온전히 그 시간을 서로에게 쓰는 건 아예 기대도 하지 못했고, 그나마 같은 회사를 다니는 덕분에 '재택근무' 시스템을 이용해 하루, 이틀 더 머물다 오는 꼼수를 종종 쓸 수 있었다. 본사 출장이라도 적절한 때에 잡히면 비행기 표 삯이라도 아낄 수 있었고. 그렇지만 그런 혜택으로 인한 즐거움도 잠시, 장거리 연애로 인해 쌓여가는 스트레스는 이미 너무 깊어져 있었다.

    내가 일어나면 그는 바쁘게 일하고 있고, 그가 퇴근하고 나면 이번엔 내가 일하고 있고. 샌프란시스코와 서울의 열세 시간 시차는 정말 저주

받은 시차였다. 그나마 업무시간에 제약받지 않는 주말에 시간을 맞춰 보려면 그는 또 어찌나 약속이 많은지. 그것도 만날 보는 회사 동료들과 왜 주말에까지 등산을 가고 밥을 먹느냐고. 심지어 캠핑이라도 1박 2일 가는 경우, 주말에만 기대할 수 있던 화상채팅은 아예 포기해야 했다. 친구도 아직 적은데다가 전혀 애정을 붙이지 못하고 있는 나의 한국생활. 주말마다 남자친구와의 화상데이트만 목이 빠지게 기다리는 나와 정반대로, 그는 넘쳐나는 친구들과 함께 보내는 샌프란시스코에서의 행복한 삶에 완전히 빠져 있었다.

이런 상황이 점점 반복되면서 질투심도 질투심이지만, 사실 내 안에서 제일 크게 곪아가고 있던 것은 열등감이었다. 내가 입사하기 전부터 이미 회사생활을 만끽하고 있던 그가 부럽기도 했고 공감대가 좁아지는 것이 속상했던 터라, 나도 구글러가 되면 우리 사이의 갭이 줄어들 것이라 마냥 기대했었다. 그러나 내 예상과는 달리, 모를 때는 막상 부럽기만 하던 그의 면면이 나와 비교되기 시작하면서 내가 느끼는 거리감은 더욱 커졌다. 본사의 프로덕트 매니저로서 그가 하는 프로젝트들은 훨씬 더 스케일이 크고 중요해 보였고, 그의 연봉은 내 것의 서너 배였으며, 그가 참석하는 회식이며 파티에는 본사의 전무들이며 부회장들이 항상 함께했다.

무엇보다 대학 전공과 완벽히 들어맞는 일을 하며 점점 전문가의 커리어를 쌓아가는 그는 나에 비해 너무 잘나보였다. 내가 잘할 수 있는 것들에 집중하고 자신감을 키우는 대신, 나는 관련 전공도 공부하지 않은 '지사의 비주류 직원'으로서 느끼는 상대적인 초라함에 힘들어했다. 남자친구가 퇴근 후 즐겁게 들려주는 얘기들에 비교하고 질투하는 못난 마음이 앞서 툴툴대니 대화가 즐거울 리 만무했다. 안 그래도 치열한 장거리 연애, 하루에 전화 한 통으로 겨우 만족해야 했던 그와 나는 애정 어린 대화를 나누는 대신 점점 더 싸우는 횟수가 잦아졌다.

미국 본사로 옮기면 마치 모든 것이 마법처럼 해결될 것만 같았다. 미국에 대한 그리움, 점점 멀어지는 남자친구와의 사이에 대한 두려움, '큰물'에서 놀고 싶은 동경심. 나는 매니저에게 슬슬 미국으로의 트랜스퍼 얘기를 찔러대기 시작했다.

그러나 계속해서 늘어나는 업무에 치여, 우리 매니저는 이제 한 달은커녕 겨우 두세 달에 한 번씩 한국을 방문하고 있었다. 내 입장을 이해 못하는 건 아니면서도, 온 힘을 다해 신경을 써줄 시간이 절대적으로 부족했던 그는 트랜스퍼 이야기가 나올 때마다 서울에 들를 때 본격적으로 얘기하자는 말만 되풀이할 뿐이었다.

매니저가 오랜만에 한국에 온 한 여름은 마침 남자친구가 두 번째로 한국에 방문해 있을 때이기도 했다. 남자친구는 매니저와 언제 얘기할 거냐고 연신 재촉했고, 나는 노심초사하며 매니저의 눈치만 보고 있었다. 그러길 3일째, 점심도 못 먹고 미팅을 끝내고 온 매니저가 잠깐 밖에 나가자며 나를 끌어냈다. 뜨겁게 달아오른 한낮의 역삼동 빌딩숲 뒤편에서 그는 담배를 한 대 피워 물었다.

    수십 명이 내뱉는 자욱한 '식후땡'의 열기에 정신이 몽롱해지고 있을 때, 한참 말이 없던 그가 조용히 내뱉었다.

    "많이 알아봤는데. 미국은 어렵겠어."

    나는 아무 말도 하지 못하고 서 있었다.

    "미안하네."

    머릿속에는 수만 가지 질문이 떠올랐지만, 물어봤자 아무 소용이 없다는 걸 그의 표정에서 나는 이미 깨달았다. 내가 고개를 끄덕이며 벤치에 앉자 그는 내 어깨를 툭툭 치고는 천천히 발길을 돌려 다시 사무실로 향했다.

    더 붙잡고, 더 악착같이 시도해 보기에는 나는 너무 순진했다. 미국에 가고 싶은 이유가 순전히 업무 때문이 아니라는 것에 대한 죄책감이 들었다. 면접 때처럼 또 한 번의 거짓말을 하고 싶지가 않았다.

    허탈한 심정으로 엘리베이터에서 내리니 남자친구가 로비 앞에서 서성거리고 있었다. 약간은 들뜬 얼굴로 나를 쳐다보는 그 앞에서 나는 차마 아무 말도 할 수가 없었다. 뭐, 굳이 말을 하지 않아도 내 표정을 보고 그는 이미 알았으리라.

    머리끝까지 스트레스가 차오르다가도 한 번씩 보고 나면 언제 그랬냐는 듯 다시 사랑에 빠지던 우리는, 그 여름 이후로 조금 달라졌다. 서로의 일상을 나누려는 노력이 줄어들었고, 열정적으로 시간을 맞춰 화상채팅을 하지 않아도 주말을 견딜 수 있게 되었다. 그러기를 몇 주, 오랜만에 컴퓨터를 켜고 얼굴을 맞댄 그는 피곤해 보였다. 나는 더 이상 공감대를 끌어낼 수도 없는 일상적인 얘기를 주저리주저리 늘어놓기 시작했다. 끄덕거리며 듣고 있던 그가 갑자기 눈물을 보였다. 한참을 울던 그는 가까스로 말을 꺼냈다.

"너무 힘들어."

몸에서 힘이 쭉 빠져나갔다. 이 상황이 너무 원망스러웠지만 누가 봐도 결론이 나지 않는 상황이라는 것은 나도 잘 알고 있었고, 내게 그를 붙잡을 힘은 남아 있지 않았다. 눈물이 그렁그렁 고인 채 한참을 말없이 앉아 있던 나는 고개를 끄덕이며 알겠다고 대답했다.

"나도 많이 노력…"

"됐어. 알아."

가까스로 고개를 들어 모니터 안 그의 마지막 모습을 확인한 후 나는 손을 흔들었다. 어금니를 꾹 문 채 채팅창을 닫았다. 허탈한 몸을 침대에 눕히자 갑자기 울음이 꺽꺽 터져 나왔다. 그렇게 울다 지쳐 잠이 들었는지, 눈을 떠보니 어두컴컴했다.

'이제 어디로 가지?'

2년이 넘는 시간 동안 내 하루하루는 미국과 그곳에 있는 남자친구와의 관계를 유지하는 데 초점이 맞추어져 있었다. 꽤 오래전에 대부분의 공감대가 사라진 그와 나의 사이, 그래도 아직 우리에게는 구글이라는 공통점이 있다고 자위를 하며 꾸역꾸역 출근을 하고 있었다. 게다가 구글은 내가 미국에서 일할 수 있는 가장 큰 기회이기도 했다. 그런데 그 모든 것에 대한 이유가 사라져 버린 지금, 나는 방향을 잃어버리고 말았다.

Chapter 2

탈출구로 시작한 요리와 사랑에 빠지다

There is no love sincerer than
the love of food.

낯선 사람들과 시작된
토요일의 행복

　슬픔과 허무함에 취해 습관적으로 2호선에 몸을 싣던 하루하루, 그날도 멍하니 퇴근길 '지옥철'에 올랐다. 빼곡한 뒤통수들 사이로 한 영화 광고가 눈에 들어왔다. 남편을 따라 프랑스에 갔다 요리학교를 다니기 시작하며 유명한 프랑스 요리 전도사가 된 한 미국인 여성. 그리고 직장생활의 스트레스를 잊기 위해 쿠킹 블로그를 시작했다가 요리책까지 내게 된 또 한 명의 젊은 여성. 바로 책으로도 재밌게 읽었던 〈줄리 & 줄리아(Julie & Julia)〉였다. 요리와 사랑에 빠짐으로 인해 인생이 뒤바뀌다니, 실화라는 게 신기할 뿐이었다. 그러고 보니 저 책이 아직 어딘가 있을 텐데.
　집에 도착하자마자 옷을 벗어던지고 빼곡한 책장 앞에 섰다. 몇 번이고 훑어봤지만 찾고 있는 책은 좀처럼 보이질 않았다. 그런데 내가 이렇게 요리책이 많았던가? 얼추 세어보니 요리뿐만 아니라 음식에 관한 책까지 합하면 족히 백 권이 넘어보였다. 방구석에 쭈그려 앉아 한 권 한 권 넘겨보다 보니 피식 웃음이 나왔다. 그래, 이런 것 참 좋아했었지. 대학교 때 나만의 부엌이 생기자마자 매주 쿠키를 구워보고, 포트럭 파티를 열고, 재래시장에 가서 장을 보고. 심지어 두유와 팥앙금을 직접 만들어 보기도 했었다. 그때 느꼈던 그 끝없는 보람과 즐거움이란. 두 시간이 넘도록 책들을 들여다보고 있으니 예전 기억들이 새록새록 나며 지쳐있던 마음이 조금은 따뜻해졌다.

남자친구와 헤어진 후 계속 잠을 설쳐대던 나는 그날 처음으로 뒤척임 없이 잠에 들었다. 아침에 눈을 뜨니 마음이 놀랄 만치 편안했다. 매일같이 알람을 재차 눌러대며 이불을 뒤집어쓰고 미적대기 일쑤였는데, 그날은 달랐다. 아직 울리지도 않은 알람을 미리 끄고 흥얼거리며 샤워를 하고 나서 출근길에 올랐다. 점심시간에 마주앉은 동료가 웬일로 간만에 얼굴이 좋아 보이느냐며 반가워했다. 하긴, 지난 몇 주간 내 기분 맞춰주느라 꽤나 눈치를 봤을 터. 어제 있던 일을 얘기해주자, 그녀는 그럼 요리가 힐링이 되는 것이 아니겠느냐며 마침 함께 듣고 싶었다는 백화점 문화센터의 베이킹 수업 얘기를 꺼냈다.

나름 이런저런 베이킹을 집에서 꽤 해보았던 나는 새로운 배움을 기대하며 첫 수업에 임했다. 그날의 메뉴는 블루베리 머핀. 그런데 막상 수업이 시작되자, 르 꼬르동 블루 출신이라는 나보다 어려보이는 강사, 뭔가 어설펐다. 자꾸 흘리고 넘어뜨리고, 머랭(흰자거품)은 윤기가 나고 매끈한 대신 퍼석해 보이고. 거기다 각자 가져온 형형색색의 레이스 달린 앞치마를 두른 우리 수강생 언니들은 작업하다가 어제 받은 네일이 혹여나 망가질까 봐 얼마나 전전긍긍하는지. 밀가루가 신발에라도 묻으면 얼마나 소스라치게 놀라는지. 밀가루와 설탕 포대에 뛰어들 마음가짐으로 수업을 신청한 내가 민망할 지경이었다. 세 번의 수업을 더 듣는 동안 똑같은 상황이 반복되었다. 나는 배움이 고팠지만, 아무리 찾아봐도 일반인을 상대로 하는 베이킹 수업은 청담의 비싼 쿠킹 스튜디오 아니면 문화센터가 전부였다.

그런데 하루는 인터넷 서핑 중 제과·제빵 자격증 학원 광고가 눈에 들어왔다. 혹시나 하는 마음에 클릭해보니 전문기술자 양성이니, 취업 준비반이니 역시 나와는 상관없는 단어들만 가득했다. 한숨을 쉬고 사이트를 닫으려던 찰나, 내 눈에 한 배너가 들어왔다. 3개월 취미반. 어라, 마침 토요일 주말반을 모집하고 있지 않은가. 근데 수업시간이 무려 6시간. 곧 연말인데 세 달 동안이나 토요일 반나절을 수업에 매여 있어야 한다니, 무지하게 부담이 되었다. 그렇지만 배움에 대한 내 욕구는 하늘을 찌를 기세였고, 그걸 충족시킬 만한 다른 옵션은 없었다. 홧김에 제빵 자격증 취미반(모순인가)에 등록했고, 첫 수업 날이 다가오고 있었다.

내가 등록한 학원은 교대역 뒤편, 술집과 밥집이 빼곡히 들어서 있는 골목길 한 구석에 조용히 자리를 잡고 있었다. 안으로 들어가니 안내 데스크에 앉아 있던 조리복 차림의 한 아가씨가 고개를 들어 나와 눈을 마주쳤다. 제빵 수업 첫날이라 왔다는 나에게 그녀는 사이즈를 물어보더니 교재 한 권과 조리복 한 벌을 안겨주었다. 그리고 예전 걸스카우트 시절에나 보았던 노란 스카프까지.

'오잉, 이걸 다 입고 해야 하는 거였어?'

4층에 있다는 교실까지 천천히 계단을 올라가는 동안 여기저기 보이는 학원 풍경에 내 가슴은 두근두근했다. 여태까지 한 번도 보지 못했던 높게 쌓여 있는 커다란 밀가루 포대들. 내 침대보다 큰 세 단짜리 오븐과 용도를 알 수 없는 다양한 기계들과 설비들. 텔레비전의 요리 프로그램을 시청할 때마다 탐이 났던 널찍한 원목 작업대. 하얀 조리복 차림에 높이 솟은 요리사 모자를 쓴 학생들. 그 전에 들어봤던 요리수업들과는 완전히 다른 차원이었다.

떨리는 마음으로 4층 유리문을 열고 들어가니 이미 많은 사람들이 강의실을 메우고 있었다. 제일 끝 테이블에 빈자리가 보였다. 교재를 보는 척하며 흘깃흘깃 주변을 둘러보니 참 다양한 사람들이 모여 있었다. 예상했던 대로 여자가 과반수였지만 다양한 연령대가 있었고, 40대 중반쯤의 아저씨들에 나보다 더 어려보이는 남학생까지. 조금 있자 강사로 추정되는 엄청나게 앳된 얼굴의 아담한 여자분이 등장했다. 저분이 진짜 선생님? 얼굴처럼 앳된, 그렇지만 까랑까랑한 목소리로 그녀는 본인 소개를 했다.

나름 집에서 베이킹을 자주 했었다고 생각했지만, 모든 것이 새로웠다. 집에서 계량하는 밀가루는 기껏해야 사, 오백 그램에 개수도 열 개 남짓. 그런데 여기서는 기본 계량 단위가 몇 킬로그램이다. 아무리 적게 만들어도 사십 개 이상이었다. 평범한 직장인들에게 벅찬 이 업소용 노동량은 4인 1조 시스템이 해결해주었다. 내가 속한 조의 네 명은 보험사, 식품회사, 사진사, 그리고 IT 회사를 각각 다니는 다 다른 나이의 여자 셋, 남자 하나였다. 아무런 공통점이 없어 보이는 이 셋과 나는 그렇게 토요일마다 함께 밀가루를 만지는 사이가 되었다.

처음엔 존댓말과 어색함으로 서로를 대하던 우리는 함께 반죽을 하고 빵을 빚는 동안 어느새 말을 놓고 쉴 새 없이 장난을 치게 되었으며, 여섯 시간 동안 같이 수업을 듣는 것도 모자라 매주 수업 이후 저녁 겸 술자리를 갖기 시작했다. 수업을 등록하기 전, 토요일마다 스케줄이 묶이는 걸 걱정하던 나는 어느 샌가 한 주 내내 토요일만 손꼽아 기다리고 있었다. 우리 엄마는 토요일만 되면 집에 들어올 줄 모르는 딸내미 덕분에 걱정이 늘어가시고.

반신반의하며 등록한 수업은 일주일의 커다란 낙으로 변신했다. 같은 열정을 공유하는 사람들과 좋아하는 일에 함께 몰두한다는 것이 그리 신날 수가 없었다. 문화센터반의 언니들과는 달리 모두가 눈을 반짝이며 강사님 설명을 깨알같이 메모했고, 밀가루가 날리든 버터가 묻든 개의치 않고 빵 만드는 것에 집중했다. 같은 반 사람들 중에서도 제일 열정과 에너지가 넘치던 과격한 우리 조는 조금만 못해도 서로에게 바로 놀림과 구박으로 응징했으며, 잘한 것은 서로 자랑하기 바빴다. 그렇게 토요일마다 온몸으로 반죽을 하며 우리는 밤식빵, 브리오슈, 모카빵, 크림빵, 호밀빵에 이르기까지 스무 가지가 넘는 다양한 빵을 구워냈다.

집에서 몇 차례의 실패를 거듭하며 어설프게나마 쌓아온 지식 군데군데의 구멍들이 싹싹 메워지고, 손에 쩍쩍 들러붙기만 하던 거친 반죽은 차츰 매끄럽게 모양이 잡히기 시작했다. 정말 뿌듯했고, 정말 행복했다. 내가 그토록 원하던 배움, 그리고 쉴 새 없이 베이킹과 음식 얘기를 해도 지루해하지 않고 오히려 같이 나누어주는 이들. 그렇게 오랜만에 스스로 행복해지는 길을 찾았다. 미국생활, 남자친구, 대기업 타이틀, 더 높은 연봉이 가져다주지 못했던 그것은 전혀 다른 곳에 숨어 있었던 것이다.

세 달이라는 시간이 눈 깜짝할 사이에 지나가고 나의 토요일은 자유로 돌아갔다. 그리고 나는 다시 괴로워졌다. 한 주를 버티게 해주는 즐거움이 갑자기 끊기니 회사생활의 무료함이 뼛속까지 사무쳤다. 이 금단현상을 달래려 내가 손을 댄 것은 결국 밀가루였다. 아무리 힘든 날도 뽀얀 반죽을 열심히 치대고 정성스레 다듬은 빵들이 오븐에서 봉긋하게 부풀어 오르는 모습을 보고 있으면 어느덧 싹 날아가는 스트레스. 아직 어스름한 일요일 새벽녘에도, 친구들과 한 잔 걸친 알딸딸한 금요일 늦은 밤에도, 내 머릿속은 항상 무얼 구워 누구에게 줄까 하는 생각으로 가득 차 있었다.

처음 수업을 들을 때만 해도, 제빵을 스트레스 해소용 취미 그 이상으로 고려해본 적이 없었기에 자격증을 딸 생각은 꿈에도 없었다. 그렇지만 계속해서 빵을 구워댈수록 도전해보고 싶은 마음이 자라났다. 그러다 오랜만에 시간이 맞은 우리 제빵동기들과 저녁을 먹었다. 모임 최대의 화두는 자격증 시험이었다. 이미 시험에 도전해 자랑스럽게 자격증을 딴 사진사 오빠 덕분이었다. 워낙 손재주와 감각이 좋은 사람이라 놀랍진 않았지만, 부러운 마음과 함께 나도 도전해보고 싶은 경쟁의식이 강하게 불붙었다. 몇 시간 후 술기운이 좀 오른 상태의 나는 모두에게 한 달 내로 꼭 자격증을 따겠다는 공표를 해버리고 말았고.

조금은 만만하게 보았던 자격증 시험은 신청하기조차 쉽지 않았다. 이렇게 제빵 자격증을 따려는 사람이 많나 싶을 정도로 치열한 경쟁은 마치 대학 시절 수강신청을 방불케 했다. 1분도 안 되는 시간에 마감이 되어버리는 통에 두 번 연속으로 실패한 후, 키보드 신공을 갈고닦은 나는 드디어 시험 등록에 성공할 수 있었다.

아직은 코끝이 시린 2월, 곱게 다린 조리복과 앞치마를 조심스레 접어들고 시험장으로 향했다. 난방도 안 되는 대기실에서 레시피를 읽고 또 읽으며 두근대는 마음을 달랬다. 빵마다 난이도가 제각각인 데다가, 어떤 품목이 시험에 출시될지 모르는 상태에서 내가 할 수 있는 건 제발 쉬운 과제가 걸리기를 기도하는 것뿐이었다.

얼마나 기도를 했을까, 어느덧 시간이 되어 시험실에 불려들어가니

칠판에 시험 과제가 적혀 있었다. 젠장, 속설이 틀리지 않았다. 어쩌다 한 번 수업을 빠지면 그날 배운 품목이 시험에 나온다는 자격증 시험계의 머피의 법칙. 설마 나오겠거니, 해서 레시피도 받아놓지 않은 호밀식빵이 떡하니 나온 것이다. 어지러운 머리를 잠시 진정시키는 동안, 배합표(필수 재료 각각의 무게를 나열한 표)가 나누어졌다. 그런데 물의 양이 적혀 있지 않았다. 혹시나 시작 전부터 찍히지는 않을까 콩닥대며 시험관에게 조심스레 물어봤다.

"저기, 물의 양은요?"

"호밀식빵 물의 양은 직접 계산하셔야 합니다."

'응?'

가까스로 외워놓았던 레시피들이 머릿속에서 하얗게 지워졌다. 우선 나머지 재료들을 재빨리 계량하고 시험관의 눈치를 보며 주변을 슥 둘러보았다. 그런데 각각 계산하는 물 양은 천차만별. 제길슨, 그냥 나의 감을 믿는 수밖에. 어찌어찌 재료들을 섞고 물을 조금씩 부어가며 반죽을 완성했다. 발효 전 다시 만져보니 조금 뻑뻑한 것 같기도 했지만 원래 시험에선 답을 바꾸면 틀리는 법. 그냥 밀어붙이자.

시간이 눈 깜짝할 새 지나가고 모두들 오븐에서 빵이 나오기만을 기다리고 있었다. 나보다 더 좋아 보이는 조리복에, 스피드와 자신감을 장착한 손놀림들에 나는 갑자기 자신이 없어졌다. 절대적 평가가 아닌, 시험 인원의 몇 명만 상대적으로 합격시키는 요상한 시스템. 과연 프로 같아 보이는 저 사람들을 누르고 내가 자격증을 딸 수 있을까?

그런데 그 걱정은 하나둘씩 빵이 오븐에서 나오면서 기우로 변했다. 높낮이가 들쑥날쑥하거나, 아예 부풀지 않거나, 타거나, 덜 익거나. 100퍼센트 완벽하진 않았지만 그래도 내 빵은 고맙게도 봉긋봉긋 갈색으로 잘 부풀어 익어주었다. 시험관들은 나온 빵들을 사정없이 쭉쭉 찢어보며 열심히 점수를 매겼다.

그리고 며칠 후, 대학 입시 때보다 더 떨리는 마음으로 사이트에 접속했다. 수험번호와 이름을 넣고 확인 버튼을 클릭. 결과가 로딩되는 동안 가슴이 콩닥거려 눈을 감았다. 몇 초가 지난 후 살며시 실눈을 떠 화면을 확인하니… 세상에 합격이다! 내가 원하는 대학에 합격했을 때보다, 어려운 통계 수업에서 A를 받았을 때보다, 회사에서 상을 받았을 때보다 더 뿌듯했다. 책과 인터넷을 뒤져가며 몇 년간 시도해도 계속 실패하던 까닭에 내 인생에서 내가 만든 발효빵은 없을 것이라며 낙심했었는데, 제빵 기능사 자격증을 따는 날이 오다니. 큰 보람과 뿌듯함 사이, 어렴풋이나마 태어나서 처음으로 요리를 제대로 배워보고 싶다는 생각이 들기 시작했다.

출근 전 오전 6시 30분,
칼질 속에 겸손을 배우다

　제빵 자격증을 획득한 지 한 달도 되지 않아 나는 이미 다음에 도전할 자격증을 고민하기 시작했다. 남은 것은 제과, 한식, 양식, 중식, 일식 그리고 복어 손질. 그나마 미국에서 오래 살면서 자주 한 음식들이랑 최소한의 연관성이 있는 양식이 제일 만만하지 않을까. 그런데 커리큘럼을 찾아보니 기가 막혔다. 시험에 출제되는 메뉴들은 80년대 향수가 물씬 느껴지는 아주 고리타분한 음식들이었다. 양식을 예로 들면 미네스트로니 수프, 쉬림프 카나페, 이탈리안 미트 소스, 사우전 아일랜드 드레싱 등 현대 프렌치와 이탈리안 레스토랑에서는 상상도 할 수 없는 고전 메뉴들. 내가 배우고 싶은 음식들이랑은 거리가 좀 (사실 아주 많이) 멀었지만 방도가 없었다. 이미 자격증 따는 재미에 낚여버린 데다가, 다른 요리학원들과 문화센터에서 제공하는 수업들도 크게 달라 보이지 않았고, 비용이 적당하다 싶으면 대부분 시연 위주였다.

할 수 없이 조리자격증 학원을 알아보니, 직장과 가까운 곳에 유명 요리학원의 강남점이 있었다. 그런데 바로 들을 수 있는 수업시간대 중 비어 있는 반은 평일 오전 여섯 시 반이 유일했다. 그것도 주 5일. 제빵 토요일반에 등록할 때보다 더 고민이 되었다. 한참 인상을 쓰고 다른 학원들을 알아보고 있는데, 내 뒤로 동생이 쓱 다가왔다. 자격증 학원 또 알아보느냐, 그러다 진짜 식당에서 일하겠다고 놀리는 동생한테 어차피 너무 이른 시간이라 하지 않을 수도 있다고 쏘아붙였다.

"그런 멘탈로 뭘 배우려고 그러냐?"

녀석은 평소처럼 나를 놀리려고 던진 말이었겠지만, 나에게는 순간 엄청난 자극이 되었다.

'쳇, 까짓것 좀 일찍 일어나면 되지. 내가 그것도 못하겠냐.'

첫 수업이 있는 4월의 월요일, 요란하게 울려대는 알람에 눈을 뜨니 아직 밖은 어스름했다. 이제 겨우 새벽 다섯 시가 좀 넘었을 뿐이었다. 가까스로 이불 속에서 몸을 끄집어내어 대강 세수를 하고 옷을 걸쳤다. 밖으로 나서니 쌀쌀한 아침 공기를 가르며 바쁘게 이동하는 사람들이 얼마나 많은지. 사람들과 부대끼며 지하철에 몸을 실으니 아직 잠에서 덜 깨어났던 뇌가 조금씩 정신을 차리기 시작했다.

학원은 번잡스러운 강남역 한복판 커다랗고 시커먼 빌딩 고층에 위치해 있었다. 학원 내부는 새벽 수업을 듣는 학생들로 북적대고 있었고, 나는 제일 안쪽에 위치한 실습실로 안내를 받았다. 제빵 강사님만큼이나 앳된 얼굴의 강사분이 수업 준비를 하고 있었고, 더욱더 다양한 조합의 사람들이 하나둘씩 자리를 채우기 시작했다. 쓱 둘러보니 환경은 상당히 열악했다. 물론 합리적인 가격에 1인 1실습 구조를 가져가려면 어쩔 수 없겠지만, 학원이 제공하는 도구와 재료들은 내가 꿈꾸는 그런 요리 스튜디오와는 거리가 멀어도 한참 멀었다. 가뜩이나 메뉴들도 구식이라 성에 차지 않았는데, 본 것만 많던 나는 수업 시작 전부터 이미 불만에 차 있었다.

그런데 웬걸, 막상 수업이 시작되니 그 마음은 싹 사라졌다. 두 가지의 음식을 한 시간 내에 만들어내야 하는데, 조금이라도 버벅대고 주춤하면 시간을 맞추기가 불가능했다. 게다가 유사한 재료와 기술로 한 번에 하나의 작업을 하는 제빵과는 달리, 생선포를 뜨다가 닭 한 마리를 바르다가 양파를 볶다가 달걀을 풀다가 소스를 끓이다가 당근을 데쳐야 하는 조리는 차원이 다른 게임이었다. 자신감이 도를 지나쳐 얕잡아보는 마음으로 수업에 임했던 나는 첫 수업부터 헉헉대며 겨우 시간에 맞춰 완성물을 제출했다. 몇 번의 수업이 지나도 상황은 마찬가지였고, 시간을 초과하기도 일쑤.

사실 국가 조리기능사 자격증이라는 이 거창하기만 한 타이틀은 실제 업계에서는 큰 의미를 부여받지 못하는데다가 필수요건도 아니다. 그렇지만 지금까지도 이 수업에 감사하는 이유는 나에게 제일 중요한 기본 두 가지를 가르쳐주었기 때문이다. 바로 멀티태스킹과 위생. 집에서 요리를 할 때는 그냥 닥치는 대로 썰고 볶고, 설거지는 나중에 한번에 끝내버리면 그만이었다. 덕분에 요리 한 번 한다 하면 주방은 난리가 나고 말이다. 그러나 다양한 작업을 빠른 시간 내에 해내야 하는 학원에서는 좀 더 머리를 써야 했으며, 위생 점수가 무려 60퍼센트에 달했다. 집에서 하던 대로 하면 바로 탈락할 기세.

우선 데칠 거리가 있으면 물을 제일 먼저 올려놓는다. 칼로 재단할 재료들은 모아두었다가 한 번에 칼질을 하고, 볶을 재료들도 마찬가지로 한 번 불을 올렸을 때 전부 차례차례 볶아낸다. 그 외에도 강사님은 쉴 새 없이 시간 단축의 비법을 쏟아내었다.

그리고 무엇보다 중요했던 위생. 육류나 해산물을 다루고 나서는 다른 작업에 들어가기 전에 반드시 도마와 칼을 세척해야 하며, 작업대는 항상 아무것도 없이 깨끗해야 했다. 손이 느리고 마음이 급한 학생들은 사실 도마 한 번 더 씻고, 행주질 한 번 더 하는 데 드는 시간이 아까울 수밖에 없었다. 그렇지만 강사님은 계속해서 돌아다니며 끝없이 잔소리를 하셨고, 덕분에 나는 나중에 지겹게 듣게 될 'Clean as you go(치우면서 해라)'를 미리 습관화할 수 있었다.

좌충우돌하면서 첫 일주일을 보내고 나니 베이킹과는 완전히 다른 조리의 세계가 참 재밌게 다가왔다. 루, 라는 프랑스 소스의 기본도 만들어보고, 처음으로 생닭에 날생선도 다뤄보고, 오믈렛도 말아보고. 서너 가지의 작업을 동시에 진행하면서 마지막 1분에 딱 완성해내는 재미는

마치 게임 스테이지를 클리어하는 희열을 안겨다주었다. 두 번째 주가 되니 다섯 시 기상이 자연스러워졌고, 아침 일곱 시부터 열심히 칼질을 하고 있노라면 마치 출근 전 명상 중인 기분마저 들었다. 바쁘게 두 시간을 보내고 설거지까지 마친 후 열심히 역삼역까지 걸어가면 출근시간과 정확히 맞아 떨어졌다. 그 전에는 졸린 눈으로 모니터 앞에 앉아 커피 한 잔을 홀짝이며 겨우 오전 업무를 시작했는데, 평일에 학원을 다니기 시작한 이후로는 팀원들이 놀랄 정도의 쌩쌩한 표정으로 출근을 했다.

수업시간에 재미를 붙이고 익숙해지기 시작하니, 어느샌가 자만과 나태라는 불청객들이 슬그머니 고개를 내밀었다. 그런데 요리는 냉정하리만치 정직했다. 조금이라도 자만하거나 1초라도 집중력을 잃으면 반드시 그 티가 났다. 반대로 나 자신을 매 순간 채찍질해가면서 백 퍼센트를 투자한 날은 항상 선생님의 긍정적인 코멘트를 받을 수 있었다. 접시에 담긴 완성물은 내 실력과 노력을 한 치의 오차도 없이 정확히 대변한다는 걸 그때 절실히 깨달았다.

바로 그렇게 나 자신을 끝없이 돌아보게 하는, 한없이 겸손해지게 하는 요리의 정직함이 정말 좋았다. 내 노력과 열정에 비례하지 않는 회사에서의 업무평가에 괴리감을 느끼며 태만해지던 와중, 요리의 이런 매력을 접하며 내 안의 무언가가 살아나는 기분이었다. 매일 아침 두 시간 동안 집중하고 또 집중하면서, 내 가슴은 그 어떤 때보다 에너지와 열정으로 차올랐다.

그렇게 4주간의 일정을 마치고 두 번째 자격증에 도전하는 날이 다가왔다. 제빵 시험을 볼 때와는 비교도 안 될 정도의 엄청난 인파가 시험장 주변에 구름처럼 모여 있었다. 이제 중학생 남짓 되어 보이는 어린 학생부터, 나이 지긋해 보이시는 할아버지까지 참으로 다양한 사람들. 명문 대학, 유명한 직장의 타이틀 따위는 여기서 무의미했다. 나는 흰 조리복을 입고 긴장한 채 시험이 시작하기만을 기다리고 있는 수많은 수험생 중 한 명일 뿐이었다. 기분이 묘했다. 마치 여태까지 입고 있던 거창한 갑옷을 모두 벗어버리고 속옷만 입은 채 아무도 나를 모르는 세상으로 탈피한 기분이랄까.

처음 느껴보는 그 자유로우면서도 불편한 감정에 골몰해 있자니, 어느 순간 시험장 문이 활짝 열렸다. 넓디넓은 그 안에 들어서자, 번호가 일일이 매겨진 조리시험대 백여 개로 빼곡히 차 있는 진풍경이 눈앞에 벌어졌다. 한 사람당 싱크대 하나, 가스레인지 하나, 그리고 도마 하나 겨우 놓을 자리.

내 수험표에 적힌 번호를 찾아가니 재료들이 놓여 있었다. 다진 고기, 당근, 양파… 재빠르게 머릿속의 레시피들을 넘겨보고 있는데, 시험관이 어느새 시험 시작을 알리며 카운트다운에 들어갔다. 얼른 가져온 도구들을 꺼내려 칼가방을 풀어헤쳤다. 그런데 예상 외로 긴장했던 탓일까, 아님 전날 너무 열심히 칼을 갈았던 탓일까, 칼날에 살짝 손이 스쳤다고만 생각했는데 엄지와 검지 사이에서 갑자기 날카로운 통증이 느껴지며 빨간 피가 흘렀다. 아직 재료에는 손을 대지도 않았는데 이게 무슨 일이람! 일단 주저앉아 무턱대고 지혈을 시작했다. 냉철한 눈빛과 꽉 다문 입술로 도도히 수험생들을 지켜보던 시험관 선생님, 시작도 하기 전에 부상을 입은 이 어이없는 수험생에 많이 당황하셨나 보다. 헐레벌떡 이리저리 왔다 갔다 하시더니 얼추 피가 멎은 왼손에 붕대를 친히 칭칭 감아주셨다.

    시험관 선생님의 은총을 입은 탓인지, 나머지 45분은 수월히 흘러갔다. 시험에 나온 두 가지 주제도 크게 어려운 것이 아니었거니와, 시간에 쫓기지 않고 차근차근 완성해 제출을 할 수가 있었다.

    완성된 음식을 제출할 때 급한 마음으로 그릇을 들고 나가다가 엎어지거나 다른 이와 부딪혀 음식을 쏟는 어처구니없는 실수로 실격을 한 경험담을 익히 들은 터라, 전후좌우를 면밀히 살피며 심사위원의 테이블로 전진했다.

    크게 어렵지 않은 품목이라 그런지, 이미 시험대 위는 많은 수험생들의 결과물로 가득했다. 어쩜 이렇게 천차만별인지. 참고로 조리자격증 시험 평가 기준에서 맛이 차지하는 비율은 0퍼센트다. 오로지 위생, 그리고 감자를 정확히 1.5센티미터의 정육면체로 재단했는지, 순서는 잘 지켰는지, 기준에 맞는 소스 색깔을 제대로 냈는지 등의 기술 평가만으로 채점이 완료된다.

    잘했다고 생각했는데, 막상 완성된 스튜를 심판대에 올려놓고 내 자리로 돌아오니 감자는 1.5센티미터가 아닌 1.3센티미터였던 것 같고, 소스는 밝은 벽돌색 대신 좀 칙칙한 갈색이었던 것 같았다. 다시 가서 확인하고 싶은 마음이 굴뚝같았지만, 시험 완료 시간이 되자마자 시험관 선생님은 테이블 주변으로 두꺼운 휘장을 획 쳐버렸다. 그렇게 나의 식어가는 스튜 한 접시를 홀로 놓아두고, 나는 시작보다 더 떨리는 마음으로 시험장을 나섰다.

워낙 작은 실수의 1~2점 차이로 합격 여부가 정해지기도 하는지라, 시험 결과를 기다리는 며칠이 그렇게 느리게 지나갈 수가 없었다. 초반에 다친 것이 마음에 걸려 인터넷을 검색해보니, 어떤 이는 시험 도중 부상으로 피가 나면 무조건 실격이라 하고, 또 어떤 이는 지혈만 잘 하고 조리에 들어가면 괜찮다며 분분한 의견이 오갔다.

마음이 들썩들썩 했다. 그만큼 합격하고 싶었다. 참으로 별 것 아닌 일개 자격증일 뿐이었지만, 나에게는 커다란 의미를 지녔던 것이다. 여태까지 해온 공부와는 별개로, 내 학벌이나 직장과는 아무 상관없이, 순수하게 내가 재미와 보람을 느끼는 요리에 재능이 있다고 인정받고 싶었다. 계속해도 좋은 것이라는 신호를 받고 싶었다.

결과는 합격이었다. 얼른 식당 차려야 하는 것 아니냐며 너스레 반 호들갑을 떠는 친구들 앞에서 나는 같이 깔깔 웃어대었지만, 뿌듯함으로 가득한 내 마음 깊은 한구석은 사실 조금 무거웠다. 대학 졸업 후 다들 안정적인 커리어를 키우는 데 집중하고 있는데, 나는 흔들리고 있는 느낌이었다. 그냥 좋아하는 취미라고 치부해버리기엔 그 흔들림이 꽤 강렬했다. 너무 빠져버릴까 봐 더 다가가기가 두려웠다. 그렇지만 운명이었을까. 무언가에 홀린 듯, 나는 일주일도 지나지 않아 한식 자격증 반에 등록했다. 그렇게 나는 한 걸음 한 걸음 요리와 사랑에 빠져들기 시작했다.

해야 할 것 같은 일 대신
하고 싶은 일

　상대적으로 메뉴 가짓수도 적고 칼질이 큼직큼직한 양식에 비해, 한식은 스무 가지나 더 많은 메뉴를 익혀야 했고 1밀리미터 채썰기가 필수였다. 게다가 분위기도 살벌했다. 반 모두가 한마음으로 깔깔대며 반죽을 하던 제빵수업과는 달리, 이곳에서는 빠듯한 시간에 쫓겨 모두가 입을 굳게 다물고 쉴 새 없이 손을 놀렸다. 게다가 취미반이었던 제빵과는 다르게, 이미 요리업계에 종사하고 있는 수강생들이 과반수를 차지하고 있는 한식반은 수강생들의 실력 또한 상당했다. 그동안 집에서도 닭을 잡고 오믈렛을 굴리는 연습을 여러 번 하며 자신감과 속도를 붙여놨는데, 종잇장 두께의 지단 만들기, 쇠고기 포 뜨기, 냄비밥 만들기, 동태 손질이라는 새로운 난관들 앞에 초기화되어버린 느낌이었다. 제빵수업과 또 하나 다른 점은 바로 남자들이 반 이상 자리를 차지하고 있다는 것이었는데, 무뚝뚝한 표정과 건장한 체격과는 다르게 어찌나 손놀림들이 빠르고 섬세한지. 이제 겨우 재료 손질을 끝내고 조리에 들어가는 내 뒤를 밀치듯 지나가며 그들은 아름다운 완성품을 앞다투어 제출했다.

경쟁심이 불타올랐다. 학원에서 가르쳐주는 팁만으로는 성에 차지 않아 인터넷과 책을 뒤지고, 타이머를 맞추어 놓고 연습하고 또 연습을 했다. 덕분에 우리 가족들과 회사 동료들은 마루타가 되어 내가 연습해 대는 실패작들을 맛보아주느라 행복한(?) 비명을 질렀다. 내가 부친 지단을 쌓으면 지구 한 바퀴를 돌릴 수 있다, 뭐 이런 울트라 뻥튀기 무용담이 이렇게 탄생하는 건지도.

오전 학원에 이어 퇴근 후에도 이어지는 칼질 릴레이에 퀭한 눈빛으로 출근하면서도, 점점 늘어가는 지식과 빨라지는 손놀림에 엔도르핀이 흘러넘쳤다. 어떻게 보면 미식가 아버지와 미대에 가고 싶었지만 부모님 반대로 못간 어머니를 둔 내가 요리를 좋아하는 것은 당연한 일이었다. 그렇지만 내게 요리를 취미 그 이상으로 생각하는 것은 터부(Taboo)에 가까웠다.

어렸을 때부터 나는 항상 많이 콤플렉스에 시달렸다. 부모님이 시키지도 않은 일에 책임감을 느껴서 걱정하고, 항상 한 발 앞서서 필요 없는 배려로 동생을 귀찮게 했다. 고작 이십여 년이지만, 살면서 걸어온 길 중 내가 백 퍼센트 원해서 스스로 선택한 길은 없었다. 다른 분들의 도움으로 유학생활을 하고 있으니, 그분들의 기대에 부응해야 하며, 돈을 빌리는 부모님이 욕먹지 않도록, 창피해하지 않도록 내가 '성공'해야 한다고 스스로를 채찍질했다. 무언가 도전해보고 싶은 일이 있으면, 그 '성공'과 관련이 있다는 합리화가 가능한 경우에만 시도했다. 물론 그렇지 않으면 물러섰고.

내가 중학교 시절, 바다를 건너 미국 유학생활을 시작한 곳은 대부분 사람들이 휴양지로 꿈꾸는 하와이였다. 매일 무지개를 바라보고, 주말마다 푸르른 바닷가에서 파도를 타다 보니 나는 가족이 그리울 틈도 없었다. 미국, 일본, 대만, 그리고 같은 한국 유학생 언니, 오빠, 친구들과 티격태격 기숙사 생활을 하며 즐거운 시간을 보낸 지 2년여. 그렇지만 유학원 측에서는 더 대학 진학률이 높은, 더 랭킹이 높은 본토의 고등학교로 전학하자는 얘기가 나왔다. 또 한 번 작별인사를 하는 건 싫었지만, 그게 맞는 것 같았다. 좋은 대학을 가기 위해 최선을 다해야 하니까. 그렇게 나는 아쉬운 마음 가득한 채 캘리포니아로 이사를 했다.

어느덧 고3이 되어 대학 입시를 준비하다 보니 미국에는 참 다양한 대학교가 있었다. 많은 이들이 전공하는 경제, 경영, 공학 등에는 애초에 관심조차 없었던 나는 대부분의 명문대가 내세우는 클래식한 커리큘럼에 크게 흥미를 느끼지 못했다. 대신 흥미로움을 유발하는 특이한 학과들과 학교들에 관심이 갔다.

국립공원 바로 옆, 울창한 숲에 둘러싸여 전문가 수준의 캠핑 동아리들을 자랑하는 곳부터, 한창 관심 많았던 컴퓨터 애니메이션이 특화된 곳, 그리고 4학년 다 합쳐 천여 명밖에 되지 않는 학생 수로 마치 하나의 마을처럼 친밀한 커뮤니티를 꾸려가는 학교까지.

그렇지만 나는 이름을 대면 누구나 알 만한 학교에 가야 했다. 그래서 코넬에 원서를 넣고 밤마다 기도했다. 한국에 있는 우리 친척들도 아이비리그라면 다 고개를 끄덕였으며, 여덟 개 학교 중 유일하게 인체공학, 환경친화 디자인, 호텔경영, 유제품 개발 등 따분하지 않아 보이고 특색 있는 커리큘럼을 갖고 있는 학교였기에.

그렇게 이상과 현실의 완벽한 타협안일 것만 같던 코넬에 진학해보니, 내 전공인 인체공학 디자인은 기대와는 반대로 매우 따분했다. 손으로 무언가를 만들고 창조해내는 부분은 극히 최소한이었으며, 학년이 올라갈수록 대부분의 수업은 암기, 리서치, 데이터 분석에 치중했다.

강의실에 앉아 있으면 뇌가 말라가는 듯한 무료함에 나는 외도를 하기 시작했다. 전공 내에서는 졸업을 위한 필수 과목들만 들으며, 버섯 캐기, 식품공학, 케이터링, 캐드 디자인, 심리학 등 관심 가는 수업이란 수업은 전부 들어보며 끊임없이 새로운 즐거움으로 전공의 지루함을 달랬다. 나처럼 외도를 하던 친구들 중에는 과감히 전과를 하거나, 아예 그 분야에 더 특화된 전문학교로 전학을 하는 경우도 있었다. 그렇지만 아주 어렸을 적부터 수학을 시켜야 한다든지, 이과 쪽으로 머리가 좋다는 등의 코멘트와 기대를 꾸준히 받아온 나는 그와 연관이 없어 보이는 분야를 선택하는 것이 매우 조심스러웠다. 디자인은 직접 무엇을 만들고 느끼는 걸 좋아하는 내 천성과 다른 이들이 나에게 기대하는 학구적 모습의 적당한 교집합이었다. 게다가 아이비리그라는 타이틀을 포기한다는 것은 상상도 할 수 없었다.

그렇게 확신 없이 방향을 못 잡으며 어영부영 시간을 보내다 보니 어느새 4년이 흘러 졸업을 하게 되었다. 함께 있으면 진심으로 즐겁진 않으나 조건 좋은 연인과 헤어지지 못하고 계속 만나다 결혼하는 것이 이런 기분이려나.

강남역 한복판 13층 창밖으로 동이 터오는 걸 바라보며 수업 준비를 하고 있는 아침 6시 30분, 나는 그 연인과의 결혼을 앞두고 진정한 소울메이트를 만난 기분이었다. 대학생 때부터 좋아했던 요리였지만, 이렇게 큰 즐거움을 안겨줄 줄은 상상도 못했었다. 예전에는 단순히 뿌듯함과 손을 놀리는 재미에 음식을 했다면, 지금은 매일 맛보는 자기계발의 희열이 나를 주방으로 향하게 했다. 그동안 나는 내가 좋아하는 일보다는 적당한 타협점을 찾는 것에 더 집중했었고, 결국 그 적당함은 이도 저도 아닌 애매함으로 바뀌기 마련이었다. 아무도 나에게 권하거나 강요하지 않았던, 온전히 내가 좋아 시작한 요리는 내가 좋아하는 것들에 대해 알려주고, 나도 몰랐던 내 안의 장점들을 끌어내어 주고 있었다.

그런 내 모습을 지켜보며, 해야 할 것 같은 일 대신 하고 싶은 일을 선택했을 때 비로소 내가 원하는 배움을 얻을 수 있다는 것을 깨달았다. 관심 없는 책 속에 파묻혀 있는 공부 대신, 강의실 밖 진짜 세상을 보고 부딪히며 나와 내가 살고 있는 세계를 알아가는 배움이 고팠던 것이다.

내가 살아있음을 느끼게 해주는 배움 말이다.

그제야 예전의 내 '딴짓'들이 왜 그렇게 즐거웠는지 이해가 갔다. 여름방학에는 전공 분야 관련 인턴십 대신 학교에서 인터내셔널 학생들을 위한 오리엔테이션 기획을 하느라 석 달을 쏟았다. 컴퓨터 앞에 앉아 리서치 데이터를 부여잡고 계산기를 두드리는 대신, 이십여 개 나라에서 처음 미국으로 유학 오는 몇백 명의 학생들에게 도움이 될 만한 다양한 프로그램들을 기획하고 진행하며 나는 살아있음을 느꼈다.

졸업반이 된 친구들이 대학원 과정을 병행하고 학점을 추가할 동안 나는 맨해튼에서 한 학기를 보내며 봉사활동을 하고 뉴욕시의 문화와 역사를 공부하는 프로그램에 참여했다. 강의실에서 교수님의 말씀을 따라 읊고 각종 수식을 암기하는 대신, 대학이란 건 상상도 해보지 못한 저소득 지역의 중2 흑인 소년에게 구글 검색 사용하는 법을 알려주고, 미국사 '덕후' 가이드와 함께 북적대는 관광명소들을 피해 뉴욕시가 진화해온 역사가 숨겨진 골목골목을 탐험하며 나는 살아있음을 느꼈다.

그 어떤 '딴짓'보다 즐거운 요리는 하면 할수록 나에게 더 큰 에너지를 안겨주었다. 잠을 못자도 피곤하지 않았다. 오히려 음식 얘기를 할 때면 졸고 있다가도 눈이 반짝거렸다. 이렇게 'Should'보다 'Want'라는 진리를 깨달았음에도 불구하고, 소울메이트를 위해 구글과 파혼을 할 용기는 아직도 미약했다. 구글이라는 이름은 그동안 내가 정통 학문 대신 디자인이란 걸 공부하는 것에 곱지 않은 눈길을 보내던 우리 친척

분들을 조용히 잠재웠으니까. 내가 간 대학이 하버드는 아니지만 아이비리그니까 됐다며 애써 아쉬움을 감추시던 할머님에게 동네방네 자랑할 명분을 드렸으니까. 이리저리 유학자금을 빌리며 눈치 보던 우리 부모님 어깨를 쫙 펴드렸으니까. 차마 얘기를 꺼낼 엄두조차 내지 못한 채, 그렇게 하루하루가 흘러갔다.

봇물 터진 열정은
블로그를 타고

시간은 자꾸만 흘러가고, 한식 자격증 시험날이 다가왔다. 그새 한 번 경험했다고 조금은 여유 있게 시험을 치르고 온 그날 밤, 잠자리에 누운 지 한참이 지나도 이런저런 잡생각으로 쉬 잠을 이루지 못했다.

'이번에도 붙으면 고민은 그만하고 요리를 계속 배우라는 계시일까. 차라리 시험에 떨어지면 무섭게 자라나는 요리에 대한 열정이 한풀 꺾일까. 그게 오히려 마음이 편할까.'

이런 생각이 끝없이 맴돌며 두통을 유발하길 며칠, 시험 결과가 발표되었고 불행인지 다행인지 나는 또 하나의 조리자격증을 추가하게 되었다. 분명 좋았지만, 첫 자격증을 땄을 때처럼 마냥 신나지만은 않았다. 난 아직 마음을 정하지 못했는데, 자꾸만 자라나는 열정이 두려워졌다. 학원에서 친해진 동갑내기 친구는 서로의 합격 소식에 기뻐하며 이제 일식에 도전해보자고 흥을 돋웠지만, 나는 미안하다며 발길을 돌렸다.

그렇게 요리에 대해 잠시 숨을 돌려보려 했다. 하루에도 몇 번씩 드나들던 블로그들도 멀리하고, 평소 가까이 하지 않던 경제, IT 분야 뉴스를 일부러 뒤졌다. 그러길 며칠, 퇴근 후 금요일, 오랜만에 만나는 초등학교 동창들과의 모임이 있었다. 조금 늦은 내가 술자리에 도착하자마자 동기들은 요리사 왔다며 난리법석이었다. 반년이 넘게 못 봤던 그들은 궁금한 것들이 많았고, 처음엔 멋쩍게 웃으며 말을 아끼던 나는 계속되는 술잔의 부딪힘 너머로 어느새 신나게 요리 얘기를 풀어놓고 있었다. 술기운과 웃음에 얼큰히 취해 막차를 타고 집에 돌아오는 길, 애써 마음을 억누르려 했던 것이 참 바보짓이라는 생각이 들었다.

주말 내내 그동안 외면했던 책들과 블로그들을 활짝 열어젖히고는 쌓인 글들을 몇 시간 동안 실컷 읽어냈다. 도전해보고 싶은 레시피 몇 개를 추려 바로 장을 보러 갔다. 늦은 오후 내내 빵 반죽을 하고, 칼질을 하고 가스 불을 지폈다. 얼마나 우당탕거렸을까. 어둑어둑해질 무렵 집에 돌아온 가족들은 또 시작이구나, 라는 표정을 지으면서도 모처럼 차려진 집에서의 만찬에 다들 즐거워하며 서로의 일과를 풀어냈다. 남은 음식들을 정리하고 마지막 설거지까지 싹 마치고 나니 그간 답답했던 마음이 풀렸다. 그렇게 다시 부엌에서 보내는 시간이 늘어갔다.

요리에 관해서 쏟아져나오는 정보들은 무궁무진했다. 나름 몇 달 내내 시간을 투자해 학원에서 배운 정형화된 메뉴와 조리법은 그의 0.0001퍼센트 정도 될는지. 유튜브에는 빠르고 효율적으로 닭을 잡는 본인만의 노하우를 올리는 요리사들의 동영상들이 넘쳐났고, 너덧 시간을 투자해 제대로 끓이는 파스타 소스 비법부터 집에서 직접 단무지를 담그고 허브를 키우는 사람들의 심오한 블로그들이 가득했다. 만만해 보이는 작업부터 하나둘씩 따라하며 얻는 배움의 즐거움은 여전했다. 매주 다른 방법으로 닭을 잡아보고, 다른 배합으로 케이크를 구워내기를 반복하며 내 가슴은 열정으로 터질 듯 부풀어 올랐다. 이미 나의 끝없는 음식 얘기에 가족들과 주변 사람들은 시달린 지 오래. 그렇지만 이렇게 재미난 얘기를 나만 알고 있기에는 너무 답답했다. 더 많은 이들과 나누고 싶었다.

'그래, 블로그!'

우후죽순처럼 끊임없이 생성되는 블로그들, 그리고 깊이 없는 글과 사진뿐임에도 불구하고 찬양받는 파워블로거들. 광고성 짜깁기 블로그들. 그 질척하고 끈적한 전쟁터에 발을 디디는 것이 조금 망설여지긴 했다. 지금 읽어보면 참으로 오글거리는 글들이지만, 흔한 블로그가 되지 않겠다는 결의로 포스팅 하나하나에 공을 들였다. 단어 선택 하나하나에 머리를 싸매고, 하나의 문장도 썼다 지웠다를 반복했다.

그렇게 열심히 써내려간 지 몇 주가 지나도, 내 블로그는 찾아주는 이 하나 없이 적막하기만 했다. 글을 올리고 조심스레 링크를 돌리거나 페이스북에 올리면 그때만 잠깐 반짝할 뿐, 어쩌다 발을 헛디딘 사람들의 흔적인 방문자 카운트는 좀체 한 자릿수를 넘기지 못했다. 출근해서도 한 시간에 한 번씩 로그인을 해대며 첫 댓글이 달리기만을 목이 빠져라 기다렸다.

그러던 어느 날, 점심을 먹고 자리에 돌아온 나는 여느 때처럼 블로그에 접속했다. 방문자 수는 별 차이가 없었지만, 새로운 댓글을 알려주는 자그마한 주황색 아이콘이 반짝거리고 있었다. 기다리고 기다리고 기다리던 바로 그 첫 댓글. 콩닥거리며 글을 열어보니 이런 젠장, 스팸이었다. 그것도 비아그라 광고라니. 씁쓸히 해당 댓글을 삭제하고 창을 닫으려는 찰나, 아까 그 아이콘이 계속해서 반짝거리고 있는 걸 보았다.

'어라, 왜 아직 남아 있지?'

다시 한 번 아이콘을 클릭하니 또 하나의 댓글이 나타났다. 올레! 이번엔 진짜 댓글이었다! 내가 올린 글의 자세한 정보가 빵 굽는 데에 많은 도움이 되었다며 자주 들르겠다는, 이 넓디넓은 인터넷 세상 어딘가에 존재하는 다른 블로거. 아이디를 클릭하니 그가 운영하는 블로그로 접속되며 먹음직스런 사진들과 글이 눈에 들어왔다. 한참을 구경했을까, 내가 얼마 전 구웠던 것과 비슷한 빵의 사진이 보였다. 그 포스팅 말미에는 내 블로그를 언급하며 덕분에 좋은 레시피를 알게 되었다는 고마움의 말이 붙어 있었다. 뿌듯함에 취해 포스팅을 몇 번이고 다시 읽던 중, 누가 내 어깨를 툭 쳤다.

"주원 씨 왜 이렇게 좋아해? 무슨 좋은 일 있어?"

"네? 아, 블로그에 댓글이 달렸어요!"

그게 뭐 별거냐며 어리둥절해하는 과장님을 두고 나는 다시 블로그 세계에 집중했다. 기분 좋은 첫 댓글이 행운으로 작용했을까, 그 뒤로 내 보금자리에는 꾸준히 사람들이 들어오며 달리는 댓글도 하나둘씩 늘어나기 시작했다.

서로의 블로그를 왕래하고 음식에 대한 글들을 나누다 보면 냉면이 맛있는 집, 커피향이 좋은 집, 그리고 으레 그곳에 같이 가보자는 이야기로 이어지기 마련이었다. 그렇게 만난 그들과는 기본 두세 시간 이상의 무한대 음식 수다가 가능했다. 어디 카페의 무슨 원두가 맛있다는 말부터 베트남 여행 갔다 길거리에서 맛본 천 원짜리 쌀국수 맛이 최고였다는 자랑 섞인 경험담에 업계에 대한 어쭙잖은 분석과 비판까지. 때때로 업계에 깊이 침투해 있는 분들을 알게 되며 평소 정보를 얻기 힘들었던 각종 시음회며 행사에 구경을 가기도 했다. 샌프란시스코에 놀러갔을 때는 평소 블로그를 오가며 친분을 쌓았던 블로거와 만나 관광책에는 절대 등장하지 않는 숨겨진 카페와 식당을 소개받기도 했다. 심지어 블로그를 통해 알게 된 한 요리사는 본인이 일하는 캘리포니아의 꽤 유명한 레스토랑의 주방을 구경시켜주기까지 했다.

처음에 블로그를 만든 이유는 내가 하고 싶은 이야기들을 쏟아내기 위함이었다. 그런데 블로그를 통해 연결되는 문을 하나씩 조심스레 열어볼 때마다 새로운 풍경이 펼쳐졌고, 혼자서 공부할 때에는 상상도 할 수 없었던 풍성한 정보가 쏟아졌다.

'아, 이런 것이 가능하다니.'

블로그 활동에 더욱더 빠져들며 저녁마다 컴퓨터 앞에 앉아 있는 시간은 늘어갔고, 블로그 시작과 함께 구입한 반짝이던 DSLR 카메라는 나와 함께 부엌에서 구르며 주방 때에 찌들어갔다. 그리고 나는 진지하게 회사와의 이별을 고민하기 시작했다.

오지랖 대신
진짜 조언을 찾아나서라

회사생활이 따분한 지는 꽤나 오래되었고, 황홀한 복지에도 내성이 생겨버린 지 오래. 이메일과 문서, 프레젠테이션 창을 여러 개씩 띄워놓고 점점 멍하니 있는 날들이 많아졌다. 요리에 대한 이끌림을 부정하며 회사에 애써 정을 붙여보려 했을 적에는 차라리 괜찮았는데, 다가올 이별을 인정하고 나니 심하게 머리가 아파왔다. 회사를 계속 다니는 건 분명 내 길이 아닌데, 그렇다고 당장 그만두자니 무얼 해야 할지 전혀 가닥이 잡히지 않았다.

우선 머리에 떠오르는 1순위 직업인 요리사는 나에게는 너무 거칠게 느껴졌다. 대학교 때 이런저런 아르바이트 자리를 알아보다가 정말 일하고 싶었던 베이커리가 꽉 차 대타로 투입된 교내 푸드코트의 그릴 코너. 그곳에서 햄버거, 퀘사디아, 감자튀김 등의 메뉴를 뜨거운 철판 앞에서 만들어내는 고된 일을 계속했다. 미국의 인기 메뉴답게 매일 저녁시간만 되면 엄청난 수의 사람들이 긴 줄을 섰다. 처음 일해보는 어색하고 힘든 환경에, 입을 꽉 다물고 음식을 기다리는 배고픈 학생들의 무서운 눈빛이란. 게다가 같이 일하는 파트너 마이크는 엄청난 '투덜쟁이'였다. 온종일 불평과 욕을 섞어 중얼거리며 무식한 얘기만 지껄이던 그는 내가 갖고 있던 주방에 대한 부정적인 선입견을 참 굳건히도 다져주었다.

그렇다고 좀 더 차분해 보이는 베이킹으로 가자니 요리에 대한 미련이 아주 컸다. 빵을 굽는 것도 즐거웠지만, 다양한 식재료와 조리법에 대해 좀 더 알고 싶었다. 그러면 푸드스타일리스트? 영양사? 요리강사? 호텔리어? 차라리 바텐더? 바리스타? '10년 뒤에 뜨는 직업'이라는 제목의 기사들은 앞으로 얼마나 외식업의 전망이 밝은지 호들갑을 떨며 특이하고 다양한 관련 직업들을 나열했지만, 영 와 닿는 것이 없었다.

그러다 친구들과 모인 어느 날, 슬그머니 고민 중인 생각을 털어놓았다.

"우아, 셰프해! 셰프! 멋있잖아."

"자격증도 세 개나 있는데 그냥 가게 오픈해버려."

"그래도 여전히 호텔이 최고 아니야?"

오히려 더 아파진 머리에 나는 별 대답 없이 고개만 끄덕거렸다. 답답한 마음에 앞에 놓인 안주만 깨작대던 차, 모임이 파하자마자 혹시나 하는 마음에 서점으로 발걸음을 돌렸다. 평소와 같이 요리 코너로 직행한 나는, 다양한 장르의 화려한 레시피 관련 책들 사이로 혹시나 도움이 될 만한 커리어 안내서가 있을까 이 잡듯이 뒤졌다.

한 시간 경과 후.

암담했다. 책장을 빼곡히 메운 도서들은 하나같이 화려한 음식 사진들과 레시피만을 담고 있을 뿐, 그 어디에도 내가 찾는 해답을 제시해 줄 만한 책은 없었다. 더 답답해진 마음으로 천천히 서점을 나서는 길, 외국어 서적 코너가 눈에 들어왔다. 그리고 그곳에 쌓여 있는 한 아름의 요리책. 원가보다 두 배 이상 비싼 판매가에 평소에는 잘 들여다보지 않던 수입책 코너였지만, 오늘은 무엇이라도 건져야만 할 것 같았다. 책장 안쪽으로 들어가니 드디어 사진과 레시피 일색이 아닌, 요리사들의 자서전과 음식에 대한 수필 등의 책들이 조금씩 보이기 시작했다. 그중 깨끗한 흰색 표지의 작은 책 한 권이 내 시선을 잡아끌었다.

『The Making of A Chef』.

셰프가 만들어지는 과정이라…. 칼 한 자루를 중앙에 내세운 강렬한 인상의 표지. 그 책은 평소 요리에 관심이 많았던 마이클 루만(Michael Ruhlman)이라는 잡지기자가 세계에서 가장 유명한 요리학교 중 하나인 CIA(Culinary Institute of America)에 들어가 겪은 일 년간의 경험을 적나라하게 다룬 미국의 베스트셀러였다. 막연히 두렵고 어렵게 느껴지는 요리사라는 직업에 대해 좀 더 알고 싶었다. 주방 알바의 트라우마는 아직 남아 있었지만, 다시 도전하면 다르지 않을까, 라는 미련스러운 희망을 떨쳐낼 수가 없었다.

집에 도착하니 밤 10시. 씻지도 않고 침대에 누워 책을 펼쳐들었다. 스톡을 끓이고, 칼질을 하고, 불에 데이고… 루만이 주방에서 인간사를 느끼는 동안 나는 한 순간이라도 그의 이야기를 놓칠세라 집중했다. 그는 단순히 CIA에서 배운 요리와 맛에 대해 늘어놓지 않았다. 주방에서 한 사람이 겪어나가는 온갖 감정과 머릿속을 채우는 질문들에 대해 다양한 에피소드들을 인용해 세세히 묘사하는 그의 글을 읽어나가다 보니 내가 가지고 있는 두려움이 조금씩 녹아내리기 시작했다. 그런 감정들은 비단 나만 겪는 것이 아니었다니. 조금 더 들여다보니 내가 공감할 수 있고 좋아할 만한 부분들이 꽤 보였다(그렇게 읽고 싶었는지도 모르겠지만). 숨도 쉬지 않고 책을 읽어내려갔다. 글로벌한 위엄을 떨치던 해리포터 시리즈도 나를 밤새워 책을 읽게 하진 못했는데, 아쉬운 마음으로 마지막 문장을 읽고 창밖을 보니 어느새 하늘이 어슴푸레 밝아오고 있었다.

루만의 책으로 약간의 용기를 얻은 나는 주변에 몇 안 되는 요리하는 사람들에게 본격적으로 질문을 꺼내었다. 요리를 업으로 하고 싶은데, 어떻게 생각하시느냐고.

"어휴, 좋은 회사 그냥 다니시죠!"

"요리요? 하지 마세요. 힘들어요."

분명 요리를 좋아해 그 길을 걷고 있는 사람들이라 믿었는데, 그들은 하나같이 난색을 표했다. 아니, 분명히 요리를 좋아하는 것 같은데, 본인의 영역에 멋모르는 외부인이 어슬렁대는 것이 영 거슬리는 것이었

을까. 아님 요리에 대한 사랑이 힘든 일들을 겪으며 결국 퇴색해버린 걸까. 내가 원하던 응원은커녕 손사래를 치며 몰아내는 그들이 야속했지만, 그들의 얘기들을 듣고 있노라니 이해가 전혀 가지 않는 것은 아니었다. 온종일 서서 일하는 고된 근무에다 공휴일과 주말의 개념은 아예 잊고 살아야 하는 삶. 거기에 월세를 내고 나면 남는 게 없는 박봉. 요리를 시작한 이후로 10년 동안 가족과 크리스마스는커녕 연말도 함께 보내본 적이 없다는 푸념에는 차마 "그래도 전 요리가 하고 싶어요!"라고 대꾸할 수가 없었다.

잔인하리만큼 현실적인 얘기들도 마음속에 한번 지펴진 불씨를 완전히 꺼버리기에는 역부족이었다. 루만의 책에 이어 알게 된 비슷한 주방 경험에 대한 책들을 읽다 보면 정말 잘해보고 싶은, 잘할 수 있을 것 같은 부분들이 계속해서 눈에 들어왔다.

그렇지만 결국 나의 제일 무거운 짐은 지금 '안정적인' 삶에 대한 미련이자 새로운 도전에 대한 자신감 부족이었다. 요리사가 되든 소믈리에가 되든, 과연 지금 내가 가진 걸 버리는 것이 맞는 걸까. 그만두어도 괜찮을까. 내 주변에는 다들 가던 길을 묵묵히 가고 있을 뿐, 아무도 나와 같은 경험을 한 사람이 없었다. 현재 내가 하고 있는 고민을 겪어보고 조언을 해줄 수 있는 이가 필요했다.

나는 매일같이 구글 검색창에 비슷한 (잘된) 예를 찾아 검색을 해댔다. 당시 내 검색어 1순위는 '회사 때려치우고'. 며칠간은 별 결과를 얻지 못했다. 검색 결과에 뜨는 대부분의 사연들은 회사 다니다 공무원 시험을 준비했다든지, 아니면 다른 업계로 이직을 했다는 내용뿐이었다. 그러다 어느 날, 리아킴이라는 사람의 기사가 눈에 들어왔다. 경제학을 공부하다 회사를 그만두고 사랑하는 요가를 선택했다니….

'어라, 이거 뭔가 무지 비슷한데?'

흥분되는 마음으로 기사를 읽어내려갔다. 명문대에서 경제학을 전공하고 나도 한때는 부러워했던 금융권의 애널리스트로 몇 년간 일을 하던 그녀는 하루하루가 불행했단다. 그렇게 지옥 같은 일상을 버텨내던 중 요가를 알게 되었고, 곧 요가를 하는 시간이 하루에서 제일 행복한 순간이 되었다. 그러다 여느 때처럼 요가를 하며 행복에 취해 있던 어느 날, 그것이 곧 본인이 가고 싶은 길이라는 걸 깨닫고 엉엉 울었다는 그녀. 그 대목을 읽는데 어찌나 뭉클하며 위로가 되던지. 내 마음을 알아주는 이를 만난 것만 같아 울컥 눈물이 차올랐다.

고마운 마음에 인사를 하고 싶었다. 페이스북에서 검색해보니 다행히도 프로필이 있던 그녀에게 무턱대고 고맙다는 쪽지를 보냈다. 그렇게 며칠이 지났을까…. 놀랍게도 그녀에게서 답장이 와 있었다. 그것도 장문의. 리아킴은 나에게 당장 돈을 많이 벌지 못하더라도 분명히 똑똑하고 용기 있는 사람인 듯한 당신은 장기적으로 보면 금전적인 걱정을 하지 않아도 될 것이며, 앞으로의 계획을 차근차근 세워보라는 현실적이면서도 애정 어린 응원의 글을 보내주었다. 뜻밖의 답변에 얼떨떨했지만, 그녀의 조언은 오랜 시간 무거운 고민에 지친 내 마음을 어루만져주며 많은 용기를 심어주었다. 점점 깊어지는 갈등에 여기저기 들쑤시다 오히려 여러 말에 휩쓸리며 마음이 양 갈래로 찢어진 상황. 다양한 의견보다 내게 진짜로 필요했던 것은 내 고민을 이해하고 공감해줄 수 있는 한 사람의 진심 어린 조언이었던 것이다.

미국의 노숙자 할아버지가
깨우쳐준 나의 꿈

마침 매니저와의 일대일 미팅이 잡혀 있던 어느 날, 오늘은 얘기하고 말리라 아침부터 마음을 다잡았다. 그간 또 한 번 교체된 우리 팀의 매니저는 베이징 소속의 앤디라는 아주 목청이 크고 말이 많은 이였다. 귀에 들어오지 않는 그의 수다를 고스란히 흘려넘기며 언제 그만둔다는 얘기를 꺼내야 하나 눈치만 보고 있던 차 특유의 까랑까랑한 목소리로 그가 크게 외쳤다.

"Congratulations!"

이게 갑자기 무슨 얘기람. 그제야 앤디가 건네준 A4 용지 두 장을 읽어보니, 와우, 눈이 동그래지는 보너스 액수에다가 그해 성과에 기반한 (어라, 내가 올해 무얼 했더라?) 추가 주식 지급 공지였다. 신나게 악수를 해대며 계속해서 떠들어대는 매니저. 그날도 결국 목 끝까지 차올랐던 얘기를 꺼내지 못한 채 찝찝한 기분으로 자리에 돌아왔다. 아이러니하게

도, 풍족해진 그 달의 수입 덕분에 그간 사고 싶었던 비싼 요리 도구 몇 가지를 살 수 있었다. 새로 구입한 장난감들에 한껏 들떠 있다가 갑자기 우울한 생각이 꼬리를 물었다.

'막상 요리하면 이런 돈은 벌지 못하겠지? 이왕 일한 거 3년은 채울까?'

다음 달이 되어 거꾸로 내가 베이징을 가는 차례가 다가왔다. 당시 구글에서는 직원들끼리 서로 재능 기부의 의미로 자신 있는 주제에 대해 일일특강을 진행할 수 있었다. 서울에서 내가 회사로 구워온 쿠키를 몇 개 맛보며 호들갑을 떨었던 우리 매니저는, 내 속도 모른 채 베이징에 온 김에 베이킹 수업을 하면 어떻겠느냐며 나를 졸라댔다. 내 마음을 들킨 것만 같아 좀 불편했지만, 이런 기회를 놓치기는 싫었다. 부랴부랴 레시피 파일을 뒤져 재료를 주문하고 홍보 포스터를 만들었다. 열정이라면 빼놓을 수 없는 앤디가 구글 사무실 내부와 메일박스를 수업 홍보물로 도배해놓은 덕분인지 당일 생각보다 많은 인원이 카페테리아로 모여들었다. 노트북 대신 거품기를 들었을 뿐인데, 여태껏 회사에서 했던 어떤 PT 발표보다 더 가슴이 떨려왔다. 밀가루가 코에 묻는지도 모른 채 정신없이 수업을 끝내고, 맛있다며 갓 구운 쿠키를 연신 집어먹는 구글러들을 보고 있자니 기분이 이상했다.

얼마 지나지 않아 또 출장이 잡혔다. 이번엔 미국 실리콘밸리였다. 여러 일정으로 가득한 한 달간의 출장에 남들 같으면 이것저것 준비하느라 바빴겠지만, 중국에서의 만행(?)에 탄력받은 나는 샌프란시스코 근처의 레스토랑과 재래시장, 들어볼 만한 요리수업을 알아보느라 정신이 없었다. 그러던 와중 내가 묵게 된 호텔 바로 근처 위치한 요리보조 자원봉사를 할 수 있는 급식소를 알게 되었다. 그들은 웬 한국애가 태평양까지 건너와서는 양파 까는 거 도와주고 싶다 하니 두 팔 벌려 환영할 뿐.

토요일 오전 8시. 까야 할 양파는 백 개. 일일이 다져야 하는 피망은 이백 개. 그렇지만 야채를 다듬고 다지는 그 몇 시간 동안 난 즐겁고 편안하기만 했다. 두 사람은 들어가 앉을 수 있을 것 같은 커다란 솥에 한가득 스튜를 끓여냈다. 샌프란시스코 도심의 노숙자 노인들을 거두어 주말마다 한 끼니를 대접하는 이곳. 그날따라 쌀쌀한 바람 탓인지, 줄은 일찌감치 길게 늘어서 있었다. 다른 자원봉사자들을 따라 한참 동안이나 식판을 나르고 음식을 대접하다 보니 허기가 엄습해왔다. 스튜 한 그릇을 들고 유일한 빈자리를 찾아 한창 식사 중인 노인들 사이로 비집고 들어앉았다. 이런 봉사활동 경험이 많지 않은 나는 그들과의 합석이 불편했다.

단지 새로운 주방 경험을 하고 싶다는 열정을 앞세워 무턱대고 급식소를 찾았을 뿐, 노숙인들에 대한 연민이나 관심은 애초에 없었다. 오히려 그들의 주워입은 듯한 허름한 옷차림과 더벅머리에 고개를 숙이고 숟가락질만 연신 해댈 뿐이었다.

그릇을 거의 다 비워갈 때쯤, 맞은편에서 조용한 시선이 느껴졌다. 고개를 드니 파란 야구모자를 지그시 눌러 쓴 할아버지 한 분이 나를 물끄러미 쳐다보고 있었다. 어색함에 시선을 피하려는 찰나.

"자넨 여기서 일하는 학생인가 보지?"

예전 고향에서 가족과 함께 주말마다 끓여먹던 스튜 생각에 더 밥을 맛있게 먹었다며 고맙다는 할아버지. 그러자 옆에 앉아 있던 다른 할아버지는 당신 아내가 자주 만들던 검보(Gumbo, 미국 남부의 진한 스튜 종류)가 최고라고, 직접 기른 옥수수를 넣었었다며 마구 자랑을 하셨다. 그에 질세라 앞다퉈 이어지는 우리 집 레시피 자랑과 옛날 미국 음식들에 대한 이야기로 금세 테이블이 시끌벅적해졌다.

아까의 불편함은 까맣게 잊은 채 대화에 푹 빠져들었다. 그런데 대화 도중 나도 모르게 가슴이 벅차오르며 갑자기 눈물이 났다. 잠시 실례를 하고 화장실로 자리를 피해 행복감에 엉엉 울었다. 변기에 걸터앉아 한참을 울고 난 후 깨달았다. 사먹는 음식이 아닌, 내가 직접 만든 음식을 통해 사람들과 교감하고 그로 이어지는 이야기들과 생각들, 그것이 얼마나 내게 큰 즐거움을 주고 보람을 주는지 말이다.

더 이상 내 마음에는 아무런 미련도, 불안함도 남아 있지 않았다. 그동안 마음을 가득 채우고 있던 온갖 복잡한 생각들이 차분히 바닥으로 가라앉으며 요리에 대한 확신이 그 어느 때보다 명확해졌다. 나중에 무엇이 되었든, 내게 근본적인 행복을 안겨주는 음식과 요리에 대해 당장 더 배우고, 더 익혀야 했다. 그러지 않으면 평생을 후회할 것이라는 직감이 가슴 깊숙이 파고들었다.

Chapter 3

26년 만에 처음으로
내가 선택한 길을 걷다

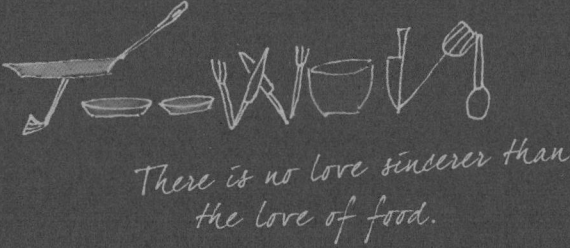

There is no love sincerer than
the love of food.

뜻밖의 응원 속에
사직서를 제출하다

　마음의 결단을 내리고 나니 숨이 트였지만, 막상 다음 단계를 생각하니 마음이 다시 무거워졌다. 돌아오는 비행기 안, 머릿속이 복잡했다. 매니저에게는 언제 얘기할지, 아직 쟤가 저러다 말겠지, 라며 웃고 계시는 부모님께는 어떻게 말을 꺼낼지. 당장 요리학교는 어디로 갈 것인지. 열세 시간 후, 어둑한 서울의 저녁 하늘을 가르고 비행기가 활주로에 착륙할 때까지도 나는 아무런 결론에 도달하지 못했다. 게이트를 나와 휴대전화의 전원을 켜자마자 경쾌한 알림음을 울리며 쏟아지는 회사 메일들. 훑어보지도 않은 채 전화기를 다시 주머니에 넣어버렸다. 공항버스에서 내려 집으로 올라가니 부엌에는 벌써부터 음식 냄새가 가득했다. 비행기를 타기 전 짧은 통화, 생선조림이 먹고 싶다는 내 말을 결국 기억해두었던 엄마는 내 손의 짐을 빼앗듯이 가로채고 나를 식탁에 앉혔다.

　"가서 일 많았지? 고생했어."

내내 마음이 붕 떠 있던 출장길. 뭐라 대답하기가 멋쩍어서 고개만 끄덕였다. 조용한 내가 이상했던지 가족들은 별 일 없었느냐며 자꾸 일에 대해 물어왔다. 얼른 방에 들어가 쉬고 싶었다. 허겁지겁 밥을 떠넘기던 차, 갑자기 목이 따끔했다. 옛날 할머니가 일러주셨던 민간요법으로 밥을 한 숟가락 꿀떡 삼켜보았지만 크지도 않은 생선가시는 요지부동이었다. 화장실로 달려가 웩웩대는 와중, 왜 밥 먹는 애한테 자꾸 말을 시키느냐며 애꿎은 아빠만 타박하는 엄마의 목소리가 들려왔다.

다음 날 피곤한 눈으로 회사에 출근하니, 먼지가 뽀얗게 쌓인 내 자리가 왠지 낯설었다. 여느 때처럼 커피를 뽑아들고 컴퓨터를 켜니 당장 처리해야 할 일들이 한두 가지가 아니었다. 게다가 다음 주면 한국에 오는 매니저에게 직접 보고할 출장 리포트도 써야 하는 상황. 아침부터 머리를 싸매었지만 도저히 진도가 나가질 않았다. 보고서 대신 제일 큰 폰트로 저 퇴사할래요, 라고 적어 제출해버리고 싶은 마음이 굴뚝같았다. 열심히 일하고 있을 동료 친구를 메신저로 끌어내서는, 오랜만에 밖에서 점심을 먹자는 핑계로 사무실을 벗어났다.

"출장 잘 다녀왔어?"

"나 회사 그만두려고."

밑도 끝도 없는 내 한 마디에 친구의 눈이 동그래졌다. 뭐할 거냐는 물음에, 요리학교 갈 거라는 대답을 던졌다. 문득 옆 테이블 손님이 흘깃 쳐다보는 느낌이 들었다. 눈이 더 똥그래진 그녀는 흥분해서 멋있다, 라는 말을 연발하며 내게 하이파이브를 날렸다.

그녀를 시작으로 친한 이들 한 명 한 명에게 선포를 해나가며 서서히 마음의 준비를 해나가던 어느 날, 퇴근 후 빨래를 개키고 있는 엄마 옆에 살포시 자리를 잡았다. 좋아하는 일을 할 수 있는 사람들은 용기가 대단한 것 같다며 뜬금없이 말을 꺼내자, 엄마는 얘가 집에 오자마자 웬 봉창 두드리는 소리를 하느냐는 표정으로 나를 쳐다보았다. 하고 싶은 것이 있어도 큰돈 들여 유학까지 다녀와서는 딴짓한다고 욕먹을까 봐 신경 쓰인다고, 엄마 아빠한테 괜히 미안해진다고, 나는 계속해서 주절주절 읊어나갔다.

"그건 핑계지. 네가 그런 걸 신경 쓰는 사람이니까 그런 거지."

듣고만 있던 엄마가 한 마디를 툭 던졌다. 아이쿠, 역시 너는 마음 씀씀이가 깊구나, 라는 토닥거림을 기대한 나는 정신이 번쩍 들었다. 머쓱해진 채로 생각해보니 정말로 그러했다. 보수적인 친척들에 대한 걱정, 엄마, 아빠에 대한 배려, 전부 내 지독한 '맏이 콤플렉스'가 키워낸 것이기도 했다. 어릴 적부터 어른들이 좋아할 만한 행동을 해왔고, 그것에 크게 어긋나본 적이 없는 나. 그 틀을 버려도 된다는 생각을 한 번도 해본 적이 없었다.

빨래를 다 개키고 일어서는 엄마에게 다시 한 번 소심하게 물었다. 그럼, 하고 싶은 걸 해도 되는 거냐고.

"그럼. 엄마도 할아버지 반대로 미대 못 갔는데. 후회한다, 후회해."

때마침 텔레비전을 보러 나와 옆에 앉아 있던 아빠의 얼굴을 조심스레 쳐다보았다. 아빠는 이제 그럼 더 맛있는 요리 배워서 해주는 거냐며 킬킬대더니 보던 다큐멘터리에 다시 빠져들었고, 엄마는 빨래를 안고 어딘가로 사라졌다.

'뭐지, 이건?'

부모님을 설득해야만 하는 드라마틱한 대화를 상상하며 비장하게 거실로 진출했던 나는 멋쩍게 일어나 슬그머니 내 방으로 되돌아왔다.

드디어 마지막 관문. 베이징에서 매니저가 오는 날이었다. 7시부터 사무실에 왔다는 그는 우리가 출근하자마자 팀 미팅을 잡고는 이번 분기도 잘해보자며 예의 그 흘러넘치는 의욕을 들이밀었다. 나는 아무 말도 하지 않은 채 조용히 미소만 지어보였다. 삼십 분으로 잡아놓은 미팅은 끝날 줄을 몰랐고, 매니저가 쏟아내는 말들에 관심 있는 척 끄덕거리며 적절한 추임새를 넣어주는 것도 점점 힘들어지기 시작했다.

"주원 씨, 더 얘기하고 싶은 것 없어요?"

딴생각에 빠져 있다 매니저의 목소리에 화들짝 놀랐다. 내가 고개를 젓기가 무섭게 매니저의 수다에 지쳐 있던 팀원들은 앞다투어 회의실을 탈출했다. 방 안에는 매니저와 나, 둘만 남아 있었다.

'이때다.'

가슴이 쿵쾅거렸다. 아무것도 모르고 있는 그는 주섬주섬 서류를 챙겨 일어나려는 모양새를 취했다. 숨을 한 번 크게 들이마셨다. 잠시 얘기를 할 수 있냐며 그를 다시 자리에 앉히자 매니저는 황소같이 둥그런 눈으로 나를 쳐다보았다. 목이 바짝 탔다. 내가 잠시 침묵을 지키자 그는 그 틈을 타 출장 보고서에 대해 얘기하기 시작했다.

'오, 신이시여.'

멈출 줄 모르는 그의 수다에 끼어들기를 감행했다.

"저 그만두고 싶어요."

잠시 흐르는 침묵. 그는 안 그래도 커다란 눈을 더 크게 떴다.

"Why?"

그만두고 요리를 배우고 싶다는 내 말에 다시 한 번 침묵이 흘렀다. 믿을 수 없다는 표정의 그는 나를 멀뚱히 쳐다보더니 갑자기 내 손을 우악스럽게 잡았다.

"Wow!"

그는 '오 마이 갓'을 연발하며 거친 축하의 악수를 해댔다. 물론 예의상의(?) 아쉽다는 인사를 덧붙이며. 축하한다는 인사로 나를 당황스럽게 한 건 매니저뿐만이 아니었다. 많은 수의 동료들이 하고 싶은 걸 찾은 것이 부럽다며 축하의 인사말을 건네기 바빴다. 회사 밖의 친구들은 구글 다니는 나를 그렇게 부러워하는데, 막상 회사 내의 동료들은 퇴사를 부러워하는 이 아이러니에 얼떨떨해졌다.

막상 퇴사일까지 정해지고 나니, 회사를 그만둔다는 것이 새삼 실감이 나기 시작했다. 다가올 새로운 모험에 대한 두려움도 마음 한편에 살짝 일었다. 블로그에 접속해 글쓰기 창을 띄웠다. 새로운 결심을 하기까지의 과정을 죽 돌이켜보며 내 자신에게 보내는 사표를 천천히 써내려갔다. 다음 날 벌어질 일을 전혀 예상하지 못한 채.

느지막이 잠에서 깨니 방안은 이미 중천에 뜬 해로 눈부셨다. 주말의 여유로움에 취해 얼마나 더 졸았을까. 무언가 심상치 않은 기운에 세수도 안 한 얼굴로 휴대전화부터 찾았다. 블로그를 띄웠다. 투데이 수가….

8,939.

잠이 확 달아났다. 평소 하루 백 명, 이백 명의 방문자 수로 일희일비하던 나에게는 가히 천문학적이자 상상도 못해 본 숫자였다. 관리자 화면을 띄워놓고 30분마다 새로고침을 눌렀다.

9,740.

11,081.

13,194.

⋮

저녁이 되자 투데이 수는 무려 삼만 명을 찍었다. 그리고 그제야 그 이유를 알게 되었다. 구글 대신 요리를 선택했다는 제목으로 포털 메인에 걸렸던 것이다. 얜 뭐야, 라는 호기심에 클릭했을 그 많은 이들은 백 개에 가까운 댓글도 남겨주고 갔다.

물론 악플 포함.

"미친, 언제까지 요리가 좋나 보자."

"회사 나온 걸 후회하게 될 거다."

"지금이 편한 줄도 모르고."

거기에 비평도 추가.

"당연히 요리도 좋은 직업 아닌가요?"

"처음부터 회사 안 가는 사람도 많습니다."

"세계 최고 레스토랑의 셰프들에게 구글은 하찮은 직장일 수도 있는 거죠."

그리고 넘쳐나는 응원의 메시지들. 평소 블로그에 들르던 이들은 물론이었으며, 현직 요리사, 고민 많은 학생, 비슷한 상황에서 밸리댄서로 전업한 이, 유명 맛집 블로거 주인장 등 다양한 사람들이 진심 어린 충고와 파이팅을 외쳐주었다. 사실 그보다 더 고무적이었던 것은 오히려 내 글을 읽고 힘을 얻거나 주춤하던 열정을 다시 찾았다는 댓글들이었다.

'정말 열심히 해보아야겠다!'

결연한 의지가 불타올랐다.

생각보다 빠르게 마지막 날은 다가왔다. 홀가분할 줄만 알았던 디데이는 막상 사람들과 인사를 나누기 시작하니 아쉬움으로 가득했다. 송별회 자리에서 팀원들과 동료들과 건배를 하고 담소를 나누다 보니 지난 3년 가까이의 인연들이 더 소중하게 다가왔다. 무엇보다 나를 많이 아껴주고 걱정해주었던 예전 인도 매니저 비벡 생각이 많이 났다. 하필 그가 미국 출장이 잡혀 있어 직접 인사를 나누지 못하는 것이 너무나도 섭섭했다. 조금은 침울해 있는데, 팀원 앤드류가 무엇인가 내밀었다. 굿바이 선물과 여러 이들이 손글씨로 채워준 커다란 카드. 헤벌쭉해 한창 읽고 있자니 한 귀퉁이의 그림이 유독 눈에 들어왔다.

비백이었다.

이런 재주는 또 어디 있었을까, 피식 웃음이 나오다 갑자기 고마움과 감동에 눈시울이 뜨거워졌다. 그렇게 벅차고 과분한 응원에 조금은 아쉬움을 간직한 채, 2010년 가을, 나는 구글에서의 2년 6개월 생활에 종지부를 찍었다.

it was great knowing you.
All the best and see you
somewhere some time_ Vivaik.

나만의 삶,
그 첫 걸음

삐삐, 삐삐.

잠결에 어렴풋이 들려오는 알람 소리에 화들짝 놀라 이불을 박차고 일어났다. 정신없이 씻을 준비를 하고 화장실로 들어가려는 순간.

'아, 나 회사 그만뒀지.'

깜짝깜짝 눈을 뜨는 아침이 몇 번 반복되고 나서야 비로소 나는 백수답게 여유로운 아침을 느긋이 즐길 수 있게 되었다. 며칠간은 정말 아무것도 하지 않았다. 멍하니 거실에 앉아 덩달아 멍 때리고 있는 강아지를 쓰다듬으며 차를 홀짝거리고, 동네 한 바퀴를 천천히 돌며 가을햇살을 만끽하고, 그동안 모아두기만 하고 들춰보지도 못한 책들을 느긋하게 읽어내려갔다. 퇴직금과 마지막 보너스까지 충전 완료된 빵빵한 통장에, 해야 할 일은 제로. 그 자유로움은 참으로도 달콤했다.

그렇게 딱 일주일을 쉬고 나니, 몸이 근질대기 시작했다. 찬찬히 계획을 세워보라던 리아킴의 말이 퍼뜩 생각났다. 새하얀 A4 용지 한 장을 펼쳐들고 책상 앞에 앉았다. 커리어 미팅 때마다 지겹게 듣던 매니저의 질문이 떠올랐다.

"십 년 후에 무얼 하고 싶은가?"

몇 번이고 질문을 받아도 딱히 떠오르는 생각 없이 텅 비어 있던 내 머리. 그렇지만 이번에는 달라도 한참 달랐다. 명확했다. 좋은 음식을 요리하는 즐거움과 그 가치를 소통하고 싶다. 좋은 재료, 조리기술과 문화에 대해 끝없이 공부하고, 먹을거리를 정성껏 다루어 식탁에 올리는 요리인.

"십 년 후 내 모습을 상상하며 자기 최면을 걸어라."

"매일 아침 거울을 들여다보며 미래상을 읊어라."

다들 한 번쯤 읽어보았을 자기계발서에 흔히 등장하는 오글거리는 조언들. 그때는 웃으며 피식거렸지만, 실제로 내게 이루고픈 꿈이 생기자 얘기가 달라졌다. 잠들기 전에는 미래의 내 공간을 상상해보며 설렘에 들떠 한참을 뒤척이고, 아침에 눈을 뜨면 저절로 십년 후의 내 모습이 눈앞에 그려지며 들뜬 미소가 지어졌다. 일어나는 것이 즐거워졌다.

"자, 그럼 오 년 후는? 일 년 후는?"

매니저의 목소리가 다시 한 번 들려왔다. 모여 모여 궁극의 목표를 이루어내기 위한 단기적인 계획들.

우선 경험과 배움이 중요할 수밖에. 내가 당장 할 수 있는 것, 하고 싶은 것부터 써보자. 근데 하고 싶은 것들이 너무나도 많았다. 그것은 참으로도 신기한 경험이었다. 커리어 계획서를 써보려고 아무리 머리를 쥐어짜고 발버둥을 쳐보아도 정말로 하고 싶은 것이 생각나지 않았었는데, 관심을 갖고 좋아하는 일로 눈을 돌리니 오히려 종이 한 장이 모자랄 지경이었다. 다시 처음부터 읽어내려 가며 제일 나에게 필요하다고 생각되는 몇 가지를 추려봤다.

휴식과 자극을 위한 여행 두 달.
현장감을 익히기 위한 카페 아르바이트 한 곳.
역시 현장감을 익히기 위한 레스토랑 아르바이트 한 곳.
체력과 스트레스 해소를 위한 살사 배우기와 하프 마라톤 도전.
그리고 요리학교 일 년.

많은 이들이, 특히 한국에서는 요리학교라면 으레(혹은 유일하게) CIA(Culinary Institute of America)를 떠올린다. 마치 미국 대학, 하면 정답이 하버드인 것처럼. 남들이 좋은 데라니까 오히려 묘한 반감이 생기는 나의 반골 기질. 고3 시절 대학에 지원할 때 일부러 하버드에 원서를 넣지 않은 것처럼(넣는다고 받아줄 리는 없었겠지만) 무작정 CIA에 지원할 생각은 없었다. 게다가 최소 2년을 다녀야 하는 학비에다 생활비는 어마어마한 비용이었다. 4년 가까이 열심히 저축해온 내 통장잔고도 빠듯할

지경. 대신 프랑스나 스위스, 일본과 미국 다른 요리학교들을 여러 군데 알아보았다. 그중 한 군데가 미국 로드아일랜드에 위치한 존슨앤웨일즈(Johnson & Wales University)였다.

물론 이 학교도 워낙 조리과로 잘 알려지기는 했으나, 내가 이곳에 대해 알게 된 계기는 레스토랑 레스쁘아의 임기학 셰프 때문이었다. 우연히 알게 된 삼성동의(지금은 청담) 작은 프렌치 비스트로는 내가 요리하는 사람과 먹는 사람의 진정한 유대감을 처음으로 경험한 곳이었다.

프랑스 재료와 조리법에 대해 모르는 것이 더 많은 나였지만, 레스쁘아에서 나오는 음식 한 그릇 한 그릇에서 나는 요리사의 정직과 진심을 맛보았다. 먹고 나면 매번 사랑이 충만해지는 그런 음식이었다. 게다가 한국에서 쉬이 접하기 힘든 팔라펠(Falafel, 병아리콩 또는 잠두로 만드는, 고로케 같은 중동 음식)과 허머스(Hummus, 병아리콩, 오일, 마늘 등을 섞어 으갠 중동 음식)를 그리워하는 내 투정에, 셰프님은 주방에 재료들이 있으니 만들어주겠다며 나를 초대했다.

한창 베이킹 중이던 나는 레시피를 뒤져 피타(중동 지역의 빵) 한 바구니를 구워갔고, 잠시 후 셰프님이 직접 들고 나온 접시에는 팔라펠과 허머스, 그리고 내가 구워온 빵까지 정성스레 플레이팅이 되어 있었다. 가슴 깊이 감동이 차올랐다.

매 식사 느꼈던 것이지만, 그곳에는 요리에 대한 과시나 자아도취, 강요 따위는 털끝만큼도 존재하지 않았다. 내가 만든 음식을 통해 상대방을 행복하게 해주고 싶다, 라는 셰프님의 마음만 오롯이 담겨 있을 뿐이었다.

그런 메시지를 전달할 수 있는 요리사가 졸업한 학교라니, 마음이 끌리지 않을 수 없었다. 하지만 내 전 재산 대부분을 투자해야 하는 중요한 전환점을 책상 앞에서 정하기는 불가능한 일이었다. 게다가 여행도 하고 싶은 차에 얼마나 좋은 명분인가.

'학교는 보고 결정해야지, 암.'

존슨앤웨일즈를 포함한 네다섯 군데 정도의 학교를 추려보니 싱가포르, 파리, 미국 동부 지역으로 나누어졌다. 자연스럽게 동남아, 유럽, 미국으로 그려지는 여행 동선. 그런데 학비와 예비자금 조금을 제외하고 나니 생각보다 돈이 없었다.

주말 내내 혈안이 되어 항공권 사이트라면 진저리가 쳐질 정도로 눈알이 빠져라 검색을 해대고, 호텔을 알아보는 대신 여기저기 퍼져 있는 페이스북의 천여 명 인맥을 탈탈 털어보니 어찌어찌 오백만 원 정도로 두 달가량의 여정을 맞출 수 있는 기적이 일어났다. 물론 쇼핑은 절대 금지였고 모든 비용은 음식에 투자하기로 결정.

드디어 출발하기 하루 전날, 바쁘게 준비하다가 갑자기 회의감이 들면서 불안하고 우울해졌다. 회사를 그만둔 지 어느새 한 달이 넘은 시점, 내가 선택한 것이 맞는지, 다들 바쁘게 일하며 살고 있는데 돈이나 쓰며 뭐하고 있는 건지. 손에 잡히지 않는 짐을 챙기며 애써 마음을 다잡아보려는 중 새로운 메일 알림이 날아왔다.

군대에 가 있는 동생이었다.

지금쯤 짐 싸랴 돈 바꾸랴 식당 검색하랴 정신이 없겠군. 원래 날짜에 맞춰서 수필로 쓴 편지를 보내려고 했었는데 밖이랑 달리 군대에 있다 보니 하고자 하는 일을 시간에 맞춰서 진행하기가 쉽질 않네. 내일이면 이제 본격적으로 누나의 꿈을 향한 긴 여정의 첫발을 내딛는구나. 차근차근 계획을 세워서 준비한 만큼 이번 여행이 누나 개인적으로 많은 도움이 되고 행복한 미래를 위한 방향성을 제시해줄 거라 생각해.

요새 누나의 모습을 보고 있으면(군인이라 자주 보지는 못 하지만) 몸에 꼭 맞는 옷을 입고 있는 느낌이 들어. 예전에 회사 다닐 때의 누난 바쁘고 화려해 보이는 겉모습과는 달리 '진정한 행복'을 찾지 못한 느낌이었거든.

항상 나에게 누나란 존재는 든든한 버팀목이자 동기를 부여해주는 그런 사람이었어. 안정된 생활을 뒤로하고 새로운 도전을 시작하는 누나의 모습을 보면서 나 또한 내 자신을 한 번 더 돌아보고 계획을 세우며 열심히 살아봐야겠다는 다짐을 하게 되는 것 같아. 비록 지금은 내가 원하는 걸 마음껏 할 수 없는 상황에 처해 있긴 하지만 그렇다고 군대에서 마냥 마음 편히 시간만 보낼 수는 없겠더라고.

항상 빈말처럼 내가 누나한테 그랬잖아. 우린 항상 일부러 고생을 사서 하는 것 같다고. 하지만 우린 편한 생활에 안주하는 것보다 새로움에 도전하는 그 자체가 행복하다는 데 의견을 같이했었지. 누가 그러더라고. 도전하는 것 그 자체가 젊음이라고. 앞으로도 계속 '젊게' 살자.

건강히 여행 잘 다녀오고 건강한 모습으로 1월에 보자 :)

동생

감동의 쓰나미가 밀려왔다. 앞으로 어떤 일이 펼쳐질지 모르는, 앞이 보이지 않는 새로운 길. 설렘만큼의 두려움에 잠시 주춤했지만 나를 누구보다 잘 이해하는 동생의 응원에 펄쩍 기운이 났다.

그래, 가보는 거다!

두 달간의 여행이 가져다준
맛있는 추억과 자극

홍콩, 혼잡한 도심 속 달콤한 에그타르트와 화려한 야경

저가항공기에 몸을 실어 향한 첫 목적지는 홍콩이었다. 캐리어를 질질 끌며 공항 문을 나서니 습하고 더운 바람이 얼굴을 스쳤다. 익숙한 느낌의 빌딩숲을 빼곡히 누비고 다니는 이층버스들과 자가용들, 그리고 그 사이로 분주히 이동하는 인파. 넘쳐나는 레스토랑들과 찬란한 쇼윈도만큼이나 화려한 옷차림과 외모들. 그렇지만 대학 동창인 앤드류가 나를 데리고 가고 싶어 했던 곳은 유명한 식당도, 관광객들이 몰려대는 관광지도 아니었다.

홍콩에서의 마지막 날, 그와 만나기 전까지 나는 여느 관광객처럼 빅토리아 파크에 올라 휘황찬란한 야경에 연신 카메라 셔터를 눌러대고, 네온사인 가득한 밤거리를 누비고 다니면서 야시장의 먹을거리를 섭렵하기 바빴다. 홍콩 미식 찬양자인 한 친구가 건네준 리스트를 하나씩 지

워가며 새로운 맛의 향연을 즐기고 있던 나는, 정말 즐거운 곳을 생각해놓았다더니 뜬금없이 산행을 가자는 앤드류의 제안에 김이 샜다. 홍콩까지 와서 무슨 산행이람.

매일 다른 관광지를 방문하고 새로운 음식을 맛보면서도 절대 빼놓지 않는 것은 바로 에그타르트였다. 촉촉하고 진한 커스터드에 입안 가득히 부서지며 녹아드는 타르트셸. 마지막 날도 역시나 그 즐거움을 포기할 수 없었다. 다행히 앤드류는 산행 시작 지점 부근에 갈 만한 곳이 있다고 나를 안심시켰다. 머물고 있던 홍콩의 다운타운을 벗어나 도시 외곽 쪽으로 이동을 시작한 지 30분여, 홍콩은 익숙한 화려함과 부산스러움을 한 꺼풀씩 벗어내기 시작했다. 회색빛 고층 아파트, 동네 마트와 시장, 수수한 가로수들과 오래된 간판들. 앤드류가 안내한 자그마한 빵집도 그 풍경의 일부였다. 별다른 인테리어도, 별다른 안내문도 없는 정말 동네 빵집.

에그타르트 몇 개를 포장해서 가방에 조심스레 챙겨 넣고 우리는 산에 오르기 시작했다. 유난히 강하게 느껴지는 햇살 아래 비탈길을 따라 무거운 발걸음으로 계속해서 올랐다. 끝없이 펼쳐진 억새풀들 사이로 점점 도심이 희미하게 멀어져 갔다. 얼마나 더 올랐을까, 숨이 차오르고 두 번째로 갈아입은 웃옷은 몇 분 지나지도 않았는데 금세 땀에 홀딱 젖어들었다. 세 시간 넘게 계속되는 극기훈련에 투덜대던 나는 산 정상을 찍고 돌아본 경치에 할 말을 잃었다. 배낭을 벗어던지고 큼직한 바위 위에 걸터앉았다. 아, 갑자기 허기가 몰려왔다.

파란 하늘 아래 도심과 자연이 어우러진 멋들어진 풍경을 만끽하며 아까 포장해온 에그타르트를 한 입 가득 베어 물었다. 한참의 산행으로 인해 찌그러진 모양새가 볼품없었지만, 지난 며칠 동안 시도했던 그 수많은 어떤 타르트보다 더 촉촉하고, 더 달콤했다.

'아, 이곳이 진정한 홍콩이구나!'

호치민, 진짜 쌀국수의 맛을 찾아서

원래는 예정에 없던 베트남. 무리하게라도 일정을 조정해 들르고 싶었던 이유는 바로 포(Pho), 베트남 쌀국수 때문이었다. 서울에 넘쳐나는 쌀국수집에서 으레 마주하는 칠, 팔천 원짜리 멀건 국물에 어딘가 뻣뻣한 면, 끝이 누렇게 변한 숙주 한 움큼과 구색 맞추기용 레몬 한 조각, 그리고 고수 약간. 어딘가 허전해도 한참 허전한 이 국수 한 그릇을 대변하려는 듯이 가득 들어 있는 덩치만 크고 싱거운 살코기 여러 점.

미국에서도 인기 있는 음식인 베트남 쌀국수. 미국에서는 서울과 비슷한 가격에 양은 두 배, 진한 국물에 더 많은 고기와 숙주, 고수가 넉넉하게 들어가기 일쑤. 서울의 포보다 맛은 풍부하나, 마치 잔치국수가 국물이 진하고 애호박 등 각종 고명이 너무 풍성하게 들어가도 어색한 것처럼, 이 쌀국수도 베트남 본연의 맛은 아닐 것이라는 생각이 문득문득 들며 '진짜' 베트남 쌀국수를 먹어봐야겠다는 열망이 커졌다.

몇 년 만에 찾아온 황금 같은 기회. 이런저런 정보를 찾아보니, 내가 가려는 호치민, 즉 베트남 남부에서는 포를 대부분 아침에 먹는다는 정보를 입수할 수 있었다. 내가 찾는 쌀국수는 대부분 길거리 가판대에서 찾을 수 있을 것이라는 설명과 함께. 길지 않은 3박 4일의 일정 동안 먹을 수 있는 쌀국수는 한정적. 나는 최고의 쌀국수를 찾아내야만 했다. 가이드북과 인터넷을 뒤지고 뒤져 추려낸 몇 군데를 가보았지만, 모두 다 실망스러웠다. 처음 맛보는 향을 풍기는 어묵이나 소시지 등의 특이한

고명을 잘못 시도했다가 면만 빨아들이고 아쉬운 입맛을 다실 뿐이었다.

몇 군데 더 시도를 해보고 싶었으나, 마지막 1박 2일은 자전거 투어가 예약되어 있었다. 부산스런 호치민을 벗어나 두 시간여 달리던 차는 시골길에 접어들며 점점 덜컹거리기 시작했다. 논밭길에 낯선 이들과 함께 떨구어진 나는 세월의 흔적이 보이는 낡은 산악자전거에 올라탔다. 울퉁불퉁한 흙길을 따라 따가운 햇살을 맞으며 달리고 달렸다. 드넓게 들어찬 벼가 부드럽게 물결치며 반짝거리고, 하얀 거위들은 떼를 지어 몰려다니며 꽥꽥대었다. 수줍은 미소를 보이며 어린 소녀가 건네준 갓 튀겨낸 뻥튀기는 놀랄 만큼 달콤했고, 수입과일 코너에서만 보던 시뻘건 용과가 몇백 개씩 수풀에 엉글어 있는 풍경은 가히 장관이었다.

그 아름다운 베트남 농촌 풍경에 넋을 잃은 채, 쌀국수에 대한 미련은 어느새 잊고 말았다. 그러나 내 오랜 소망 탓이었을까, 도시로 돌아가는 날 아침 들른 가게에서 또 한 그릇의 쌀국수와 마주했다. 한화로 단돈 800원. 흘깃흘깃 쳐다보는 베트남 할아버지들 사이에 끼어앉아 눈을 반짝이며 기다리는 촌스러운 관광객 앞에 주인 아주머니는 무심하게 쌀국수 한 그릇을 척 놓고 돌아섰다. 평소 쌀국수를 먹던 습관처럼 타이바질이며 고수를 팍팍 뜯어 넣으려던 차, 슥 둘러보니 이웃 어른들은 숙주며 라임이며 건드릴 생각이 별로 없어보였다. 조금은 머쓱해져 손놀림을 멈추고 내 앞의 소박한 국수 한 그릇을 영접했다. 부드럽고 생생한 면발, 부위를 쉽사리 알기 어려운 부들부들한 단백질 몇 점. 무엇보다 촌

스러운 멜라민 그릇에 담긴, 심심하지만 뼛속까지 느껴지는 깊은 국물.

진짜 베트남 쌀국수의 맛을 찾아헤매던 나의 여정이 끝나는 순간이었다.

쿠알라룸푸르, 잃어버린 여권 대신 맛본 말레이시아 어머니의 손맛

말레이시아는 매우 낯선 나라였다. 홍콩이나 베트남처럼 분위기가 떠올려진다거나 음식의 맛이 상상되기는커녕, 어떤 인종이 살고 있고 얼마만큼 개발이 되어 있는 곳인지 아예 감이 없었다. 다행히도 대학 시절 친하게 지냈던 친구가 말레이시아가 고향인 덕에 도착하기 며칠 전부터 SOS를 쳤다. 대학 졸업 후 전액 장학금을 지급한 회사에 끌려가(?) 열심히 일하고 있는 케니를 버스터미널에서 만나기로 했다. 새벽 비행기를 타고 이동하느라 너무 피곤한 나머지 버스에서 잠깐 졸았다. 얼마나 지났을까, 어두운 도로를 한참 달리고 있던 버스가 어느새 터미널에 들어와 있었다.

오랜만에 보는 반가운 얼굴에 피곤함도 잊고 지하철에서 연신 수다를 떨며 케니와 친구가 사는 집으로 향했다. 드디어 쉴 수 있다는 기쁨도 잠시, 신분증을 보여달라는 경비아저씨를 놓고 한참 배낭을 뒤지던 나는 사색이 되었다. 분명 배낭 안쪽 주머니에 고이 넣어두었던 여권이 보이질 않았다. 가슴이 덜컹했다. 무슨 일이냐며 묻는 케니에게 당황한 나는 제대로 대답도 하지 못하고 배낭을 탈탈 털어 정신없이 헤집었다. 기대하고 기대했지만 여권은 온데간데없었다. 순간 버스에서 배낭을 열어둔 채로 잠시 졸았던 기억이 스쳐 지나갔다.

새벽 한 시에 여권 분실 신고를 하러 경찰서에 갔다. 세상에, 태어나서 처음 와보는 경찰서가 하필 여행지에서라니. 밥을 먹고 나오니 택시를 통째로 도둑맞았다는 옆 아저씨 얘기가 조금은 위안이 되었지만, 야심차게 시작한 두 달간의 여행이 여기서 끝나야 할지도 모른다는 사실에 나는 매우 침울해져 있었다. 한 시간을 넘게 기다린 끝에 신고는 마쳤지만, 다음 날이 하필 공휴일인 탓에 한국 영사관을 비롯한 모든 관공서가 문을 닫는다는 소식에 또 한 번 망연자실했다.

아무것도 할 수 없는 상황에 케니는 나를 토닥거리며 본가가 있는 시골에 같이 내려가 쉬다 오자고 했다. 두세 시간 정도 버스를 타고 이동한 곳은 말라카라는 도시였다. 유네스코에 의해 세계유산으로 등재되어 있는 이곳은 포르투갈 통치 시절의 영향으로 서양과 동양의 요소가 건축 구조와 문화 등에 함께 녹아들어 있는 개성 있는 마을이었다. 터미널로 마중 나온 케니 아버지는 나를 안쓰러운 눈빛으로 쳐다보며 얼른 차 안에 타라고 등을 떠미셨다.

옛날 우리 외할머니 댁을 연상케 하는 주택 앞에 도착해 현관문을 여니 풍겨오는 음식 냄새. 케니 어머니가 언제부터 준비하셨는지 모를 저녁상에는 온갖 요리가 한 상 가득 차려져 있었다. 매운탕을 연상케 하는

매콤 시큼한 찌개에, 나물 같은 채소볶음, 삶은 달걀, 멸치, 땅콩, 흰 쌀밥. 어라, 먹다 보니 오묘하게 다르면서도 익숙한 느낌의 음식들에 고향 집에 온 듯 마음이 편안해졌다.

식사가 끝나자 정체 모를 연두색의 과일을 꺼내오는 케니 어머니. 후식으로 꼭 참외를 두어 개 깎아주시던 우리 외할머니의 모습이 언뜻 겹쳐보였다. 그 푸른 과일의 정체는 구아바였다. 케니는 거기에 소금을 약간 뿌려주었다. 한 입 깨물었다.

'엑, 이게 구아바라고?'

아삭하고 풋내 나는 허연 과육은 내가 어릴 적 먹었던 보라색 캔의 달달한 구아바 주스와는 완전 다른 생물이었다. 싫은 티를 낼 수는 없어 우적우적 먹고 있자니, 계속해서 우리 할머니 참외가 생각났다. 단맛도 거의 없는 서걱한 과육에, 할머니 손맛이 묻은 어딘가 짭조름한 뒷맛. 맛있게 잘 먹는 척하는 내게 케니 어머니는 연신 구아바를 건네주시며 함박웃음을 지으셨다. 그래, 하쿠나 마타타다.

싱가포르, 거대한 쇼핑몰 속에 숨어 있던 최고의 인간미

우여곡절 끝에 무사히 임시 여권을 발급받아 다음 목적지인 싱가포르로 향했다. 여태껏 방문했던 어떤 도시보다도 압도적으로 깨끗하고 현대적인 싱가포르 창이 공항. 깔끔하게 관리된 식물들과 분수들, 반짝거리는 벽과 바닥. '역시 길거리에서 껌만 씹어도 벌금 물리는 나라답다'는 생각이 들었다. 언제 한번 싱가포르 안 오냐며 목을 메던 친한 대학 동창 덕분에 역시나 편하게 구경하고 맛있는 먹을거리들을 접하는 나날들을 보냈으나, 이틀이 채 되지 않아 나는 숨이 막혀왔다. 어딜 가나 번듯하게 세워져 있는 건물들과 매끈하게 정돈된 길거리들에 내가 좋아하는 허름한 구멍가게들이나 시장통은 찾아볼 수가 없었다. 심지어 바닷가라고 찾아간 센토사 섬도 롯데월드를 연상케 하는 잘 꾸미고 정돈되어 있는 곳이었다.

다음 날도 온종일 도시를 돌아다녔다. 쇼핑몰 구경만 일곱 군데째. 계속해서 발걸음을 옮기는 콘크리트와 대리석 바닥에 다리는 아파왔고, 어딜 가도 모든 것이 다 똑같게만 보였다. 인간미를 느끼기 힘든, 도시 전체가 마치 하나의 거대한 쇼핑몰 같이 느껴졌다. 그 유명한 마리나 베이 샌즈의 고층 경치는 상당했고, 그 유명한 수영장 뒤편에서 관광객 티를 내며 한 시간가량 노닥거리고 나니 정말 더 이상 볼 것이 없었다. 이틀이나 더 잡아놓은 싱가포르에서의 일정이 아까워지면서 얼른 유럽으로 넘어가고 싶은 마음이었다.

그러나 싱가포르는 온갖 유명한 셰프들이 모여 그들만의 잔치를 여는 파인 다이닝의 도시. 다 가보고 싶지만 예산의 한계로 수많은 레스토랑들 중에서 낙찰된 이기스(Iggy's)라는 레스토랑에서의 식사가 다음 날로 예약되어 있었다.

힐튼 호텔 한쪽에 위치해 있는 이기스. 입구에 다다르니 아래위로 말쑥한 정장 차림의 직원이 내 이름을 묻고는 어둑어둑한 안쪽으로 안내했다. 두 달간의 짐을 가방 하나에 쑤셔 넣느라 제대로 옷을 챙겨오지 못한 탓에, 칵테일 드레스며 정장에 넥타이 차림의 다른 손님들을 보자 가뜩이나 혼자 식사하러 온 모양새가 더욱더 신경 쓰였다. 그러나 그곳의 직원들은 아무도 나에게 눈총을 주지 않았다. 오히려 내 자리에 도착하니 놀랍게도 2인석 테이블에는 하나의 의자만 남겨져 있고, 그 반대편에는 눈부시게 아름답고 풍성한 부케가 놓여 있었다. 슬쩍 둘러보니 다른 테이블은 달랑 장미 한 송이씩. 게다가 내 카메라를 눈치 챈 담당 서버는 카메라를 편하게 올려놓고 사용할 수 있는 전용 스탠드까지 비치해 주었다.

그 순간부터 놀라움은 계속되었다. 손님 수만큼 많은 직원들은 분주히 움직이며 손님들이 고개를 들거나 손짓을 하기 전에 이미 필요한 것을 파악해 정확한 타이밍에 챙겨주고 있었다. 마치 레스토랑이 내 마음을 읽고 있는 듯한 경험은 '환대(Hospitality)의 끝장판'이었다. 코스 중간중간 쉬는 타이밍에 혼자 멀뚱히 앉아 있어야 할 나를 위한 요리 관련 잡지까지 준비해주는 그 섬세함에 나는 혀를 내두를 수밖에 없었다.

하지만 그것이 끝이 아니었다. 마지막 코스인 디저트를 먹고 나는 천국에 가 있었다. 무화과 잼과 와인을 졸여 만든 아이스크림, 파르미지아노 레지아노 치즈와 후추로 만든 크럼블에 완벽히 익은 자두까지. 커피

한 잔 하겠냐는 서버의 물음에 고개만 끄덕일 뿐, 아직 그 황홀한 조합에서 헤어나오지 못하고 있었다.

이렇게 나를 만족시킨 레스토랑 디저트는 처음이기에, 무리를 해서라도 하나의 디저트를 추가 주문해 먹어볼까 고민 중이던 참. 다시 다가온 서버는 조용히 커피 잔을 세팅하며 또 한 벌의 포크와 스푼을 함께 내려놓았다.

'엥? 다음 테이블을 미리 세팅해놓는 건가? 어서 나가라는 얘기야?'

혼란스러움에 기분이 상하려 할 때쯤, 다시 돌아온 서버는 놀랍게도, 정말 놀랍게도 또 하나의 디저트를 내 앞에 내려놓았다.

"저희 디저트를 매우 맘에 들어 하신 것 같은데, 이 메뉴도 맛보아주셨으면 합니다."

미소를 지으며 돌아서는 그. 소름이 돋았다. 어쩔 줄 몰라 하며 또 한 번 황홀경에 취해 열심히 먹고 있는데, 앞치마와 조리복 차림의 한 요리사가 자리 옆으로 다가왔다. 본인을 이기스의 페이스트리 셰프라고 소개한 그는 정말 맛있고 고맙다는 인사를 연발하는 나에게 마음이 전해졌다니 기쁘다며 씩 웃었다. 싱가포르의 현대적이고 화려한 외관만 보고 투덜대던 와중, 잊을 수 없는 진한 배려와 인간미에 한 방 먹은 순간이었다.

파리, 이 정도 바게트라면 용서해줄 수 있어

어느 나라에서나 현지인 취급을 받을 만큼 친근감 있는 외모, 값싼 물가, 무더운 날씨. 내게 동남아시아는 겨울에 여행하기 참으로 좋은 곳이었다. 그러다 넘어간 12월 한겨울의 유럽. 파리에는 때마침 신문 1면을 장식할 정도의 폭설과 눈보라가 몰아치고 있었다. 게다가 살인적인 물가. 베트남에서 사나흘은 넉넉히 쓸 경비로 프랑스에서는 하루를 버티기 힘들었다. 동남아시아에서처럼 길거리에 편의점이나 패스트푸드점이 널려 있지도 않았고, 어느 정도 예상은 했지만 영어가 한 글자도 보이지 않는 표지판에 지하철역에서 길을 찾는 것조차 고역이었다.

무엇보다 나를 힘들게 한 건 파리의 고고한 사람들이었다. 카메라와 배낭을 멘 수수한 옷차림에, 불어라고는 "Je suis, je ne parle pas francais(죄송합니다, 저는 불어를 못합니다)" 한 문장밖에 모르는 동양인 관광객에게 엄청난 대접을 해줄 것을 기대한 건 아니었지만, 그들은 정말 '밥맛'이었다. 특히나 많은 기대를 하고 어렵게 찾아간 리츠 에스코피에 조리학교. 호텔 지하에 위치한 그곳은 번쩍번쩍하는 샹들리에와 금으로 도배한 벽면, 그리고 폭신한 카페트 위를 한참이나 걸어가야 도달할 수 있었다.

사무실의 문을 조심스레 똑똑 두드리니 잠시 후 문이 벌컥 열렸다. 키가 큰, 파란 투피스 정장 차림의 여자가 무표정으로 나를 아래위로 훑어보았다. 학교 투어를 신청했다며 이름을 대니, 그녀는 여전한 무표정

으로 고개를 끄덕이더니 심드렁하게 카탈로그 몇 개를 건네주며 본인을 따라오라고 했다.

주방 두 군데를 휙 둘러보고 십 분 만에 끝나버린 허무한 투어. 그래도 오후에는 르 꼬르동 블루에서의 견학이 있으니까. 그곳은 심지어 수업을 하나 통째로 들어볼 수 있는 기회도 있다고 했다. 일단은 훨씬 더 호의적인 직원들에 마음이 놓였다. 그리고 한참을 기다린 후 드디어 수업이 진행되었다. 얇은 안경테를 코끝에 걸친 연륜 있어 보이는 셰프는 정말 아낌없이 버터를 사용했다. 마블링 자글자글한 두툼한 등심 위에 지방 그 자체인 골수를 조리해 올리고, 거기에 빵을 버터에 튀겨내다시피 한 크루통까지. 그런데 연신 자세한 설명을 덧붙여가며 열심히 강의하는 셰프를 앞에 두고, 대부분의 학생들은 사복을 입고 편히 앉아 수다를 떨거나 스마트폰으로 무언가를 보며 킥킥대기 바빴다. 조리복을 입고 음식에 함께 달려들어 열심히 요리하는, 루만의 책에서 읽은 열정적인 수업 분위기에 대한 환상이 깨지는 순간이었다.

지겹도록 몰아치는 눈보라. 실망으로 끝나버린 고대했던 파리의 요리학교 투어. 나에게는 무언가 위로가 될 만한 것이 필요했다. 원래 가보고 싶었던 비스트로가 있었지만, 구불구불한 골목길과 읽기 어려운 표지판들 사이로 계속해서 헤맬 뿐이었다. 지푸라기 잡는 심정으로 여기저기 휴대전화를 돌려보며 와이파이를 찾아보았지만 별 소득이 없었다. 차디찬 겨울바람에 손은 점점 얼어가고 배는 고파오는 통에 더 이상 견디기 힘들어졌다. 마침 눈앞에 나타난 자그마한 비스트로. 짧은 불어 실력을 동원해 메뉴를 해독하니 얼추 먹을 만한 곳으로 보였다(그렇게 믿고 싶었다). 안에 들어가니 차분히 정돈된 깔끔하고 소박한 실내가 나를 반겼다. 음식을 주문하니 나오는 바게트. 무심코 한 입 뜯어먹었는데 눈이 튀어나올 뻔했다.

'뭐지, 이 엄청난 바게트는?'

바삭하고 고소한 껍질에 부드러우면서 살짝 쫄깃한, 심지어 달달한 속살. 주문한 음식을 들고 나오는 요리사에게 염치없이 어디서 빵을 사 오냐고 물어봤다. 요리사는 씩 웃더니 놀랍게도 유창한 영국 억양의 영어로 대답을 해주었다. 차갑고 어려운 파리에 지쳐 있던 나는 그가 오래된 친구처럼 반가워 눈물이 찔끔 나올 정도였다. 영국에서 건너온 지 삼년여 정도 되었다는 그는 내 심정을 잘 이해한다며, 그래도 파리는 꽤 매력 있는 도시라고 나를 위로했다.

따뜻한 곳에서 따스한 음식으로 잔뜩 배를 불린 후, 아까 그가 알려준 블랑제리를 찾아가 보았다. 바게트를 가리키며 2유로를 건네자 양 갈래로 머리를 딴 할머니가 역시나 퉁명스러운 표정으로 계산을 해주었다. 숙소로 돌아가는 길, 이미 배는 부르지만 유혹을 참을 수 없어 바게트를 야금야금 뜯어먹기 시작했다. 그 흔한 포장마차 하나 없는 파리에서 빵 부스러기를 흘려대는 야만적인 동양소녀의 모습이 재밌었는지, 열차 맞은편 남자가 피식 웃었다. 나도 덩달아 웃어보였다. 열차에서 내

리니 그렇게 세차게 몰아치던 눈보라가 조금은 잠잠해져 있었다. 갑자기 파리가 포근하게 느껴졌다.

다시 미국으로… 그래, 이곳이다

예전에도 한참을 지냈던 뉴욕. 마지막 목적지를 이곳으로 잡은 이유는 순전히 요리학교 견학 때문이었다. 아무리 반감이 있다지만, 그 유명한 CIA 구경을 하지 않을 수는 없었다. 뉴욕이라지만 우리가 흔히 얘기하는 뉴욕시, 맨해튼이 아닌, 기차를 타고 한 시간 반여 북쪽으로 올라가면 있는 하이드파크(Hyde Park)라는 동네에 위치한 CIA. 택시를 타고 또 한 번 이동하니 드디어 그 유명하신 캠퍼스가 눈앞에 펼쳐졌다.

강당에는 이미 나처럼 학교 구경을 하기 위해 방방곡곡에서 모여든 꽤 많은 이들이 대기 중이었다. 우리의 투어 가이드로 임명된 인상 좋아 보이는 조리복 차림의 남학생은 이미 학부모들의 질문 공세를 받고 있었다. 한국에서 익숙한 치맛바람이 여기서도 불어젖히고 있다니. 대부분의 학생들은 꽤 나이가 어려보였고, 무려 21세기의 미국임에도 불구하고 투어에 참가한 동양인은 내가 유일했다. 알렉스라는 이름의 투어 가이드는 열정이 넘치는 학부모들을 잠시 진정시키고는 한 사람 한 사람의 소개를 부탁했다. 다시 한 번 불어대는 치맛바람. 덩치 큰 한 엄마는 본인 아들 차례가 되자 번쩍 손을 들고 대변인을 자처했다. "무려 열 살

때부터 요리의 재능을 보이는 우리 마이클은 CIA에 꼭 알맞은 인재인 것 같다"며 깔깔. 내 차례가 오기 전까지의 모든 학생들이 다 그랬다. 어렸을 적부터의 꿈이 요리사였던 고등학생.

"음, 저는 한국에서 왔고요. 회사 다니다 요리하고 싶어서 학교를 알아보고 있습니다."

한국에서 왔다는 말에 마이클의 엄마는 아마 콜럼버스가 처음 인디언을 봤을 때 지어봤을 법한 표정을 하고서 나를 뚫어지게 쳐다봤다. 그리고 엄마를 따라온 다른 어린이들은 내가 마치 중세시대 노인인 것마냥 나를 신기한 눈빛으로 흘깃거렸다. 그렇게 모두의 소개가 끝나고 투어를 위해 일어나려는 찰나, 한 학부모가 심각한 표정으로 나에게 속삭이듯 물었다.

"남한에서 왔어요, 아님 북한에서 온 건가요?"

CIA의 한 빌딩으로 들어서자 말로만 듣던 광경이 눈앞에 펼쳐졌다. 통유리 창으로 훤히 들여다보이는 널찍한 주방과 온갖 조리도구들. 학교의 로고와 이름이 수놓아진 조리복을 깔끔하게 입은 학생들은 분주하게 움직이고 있었다. 한 주방에서는 정신없이 칼이 움직이고 불이 피어오르고 있었고, 또 한 주방에서는 끊임없이 바게트가 만들어지고 있었다. 알렉스는 한 주방의 문을 열고 셰프의 눈치를 슬쩍 보는 듯했다. 주방 안으로 들어서니 느껴지는 후끈한 열기. 셰프는 우리가 들어오건 말

건, 우왕좌왕하는 학생들을 살피며 쩌렁쩌렁 오더를 내리고 있었다. 후, 루만의 책에 묘사된 주방의 장면이 고스란히 눈앞에서 펼쳐지고 있었다.

CIA의 화려한 시설들과 열띤 분위기의 여운이 채 가시기도 전, 나는 마지막 학교 투어를 위해 존슨앤웨일즈에 도착해 있었다. 투어 가이드는 함께할 다른 학생이 아직 도착하지 않았다며 차 한 잔을 건네주었다. 차를 홀짝거리고 있자니, 놀랍게도 어제 CIA에서 본 마이클의 가족이 문을 열고 등장하는 것이었다. 마이클의 엄마는 이틀 연속 한국 사람을 마주치자니 더 놀랬겠지만, 나를 알아본 그들은 오버스럽게 반가워했다.

존슨앤웨일즈는 CIA에 비해 상대적으로 조용했다. 새로 올린 4층짜리 실습실 건물은 역시나 훌륭한 시설들과 도구들을 자랑했지만, 대부분 낮고 아담한 교실로 이루어진 캠퍼스는 전반적으로 학교의 느낌이 더 강했다(CIA는 요리와 베이킹, 외식업 경영 등만 다루는 외식업 전문 교육기관이지만 존슨앤웨일즈는 스포츠 매니지먼트, 일반 경영 등 다양한 전공을 갖고 있다). 이곳에서도 가이드는 주방 구경을 시켜주겠다며 한 교실의 문을 열었다. 한창 분주하게 수업이 진행되고 있는 그곳. 우리를 발견한 셰프는 학생들에게 하던 걸 계속하라며 자리를 뜨더니 우리에게로 다가왔다. 나이 지긋해 보이는 셰프는 본인을 요한슨이라고 소개하며 우리와 일일이 악수를 나누었다. 한국에서 왔다는 내 말에, "오우, 한국 학생들은 참 열심히 하지. 혹시 김치도 담그느냐"며 씩 웃어 보이는 넉넉한 미소.

투어를 마치고 돌아가려는 길, 마이클은 그새 편해졌는지 나를 툭 치며 물었다.

"역시 CIA가 더 전문적이고 좋은 것 같아, 그렇지?"

약간의 우쭐거림이 묻어나는 그의 질문 아닌 질문에 나는 조용히 고개를 끄덕거리며 동의해주었다. 그리고 한국으로 향하는 비행기 안, 나는 존슨앤웨일즈 원서를 꺼내어 설레는 마음으로 빈칸을 채워넣기 시작했다.

나이 많은 늦깎이 알바생의
희로애락

"죄송합니다. 저희 매장은 87년생까지만 지원을 받고 있습니다."
또 탈락.

여행에서 돌아오자마자 2011년을 맞이한 나는 한국 나이로 스물여덟이었다. 그리 튼튼해 보이지도, 외식업 관련 아르바이트 경험도 없는 엉뚱한 경력의 지원자는 어딜 가나 환영받지 못했다. 여행으로 인해 더욱더 불이 지펴진 내 열정이라면 어디든지 받아줄 거야, 라는 순진한 망상은 다섯 번의 거부를 당하며 여지없이 찌그러졌다. 그나마 면접을 보겠다며 연락을 준 한 카페. 내 이력에 대해 열심히 변론을 펼치는 와중, 계속 고개만 까닥거리던 점장은 결국 위로의 아메리카노 한 잔을 쥐어주며 나를 문 밖으로 안내했다. 당황스러웠다. 앞으로 갈 길이 천 리 길인데, 초반부터 계획이 이리 틀어지다니. 어떻게든 아르바이트 자리를 찾아야 했다. 에스프레소 한 잔 뽑아보지 못한 내가 내세울 수 있는 것이 무엇일까. 영어? 고민을 하면서 끈질기게 취업사이트를 뒤져보던 중 '영어카페'라는 제목의 구인광고가 눈에 들어왔다.

강남역 한복판에 우뚝 솟은 파고다어학원 빌딩 내에 위치한 그곳은 한국어 사용이 금지된 카페로, 중국어가 되었든 영어가 되었든, 공부하는 언어를 연습하라는 취지로 학생들을 위해 개설한 시설이었다. 당연히 일하는 직원들은 최소한 영어는 구사할 수 있어야 했고, 카페의 매니저는 구인자 중 처음으로 내 이력서를 관심 있게 훑어보았다.

"도대체 구글은 왜 나온 거죠?"

캐나다 출신으로 한국어가 서툰 그가 영어로 물어왔다. 순간 의심의 눈초리로 내 이력서와 나를 번갈아 보던 다른 면접자들의 얼굴이 스쳐 지나갔다. 예전에 자랑스럽게 얘기했던 구글에서의 이력이 갑자기 무거운 짐짝처럼 느껴졌다. 나도 모르게 얕은 한숨을 쉬었다.

"다들 구글을 신의 직장이라고 부르는 건 잘 알아요. 그런데, 전 정말 재미가 없었어요."

대학 시절 친한 친구를 떠올리게 하는 민머리에 안경을 쓴 껑충한 몸매의 그가 조금은 친근하게 느껴져서인지, 나는 허심탄회하게 내 얘기를 쏟아내었다.

난 정말 자신 있고 해보고 싶은 일을 찾았다. 요리학교를 가기 전에 당장 외식업 아르바이트 경험을 쌓고 싶은데, 다들 이상하게 쳐다보기만 하고 받아주는 곳이 없다.

턱을 괴고 별 말 없이 듣고만 있던 그는 내 말이 끝나자 그럼 당장 내일부터 나올 수 있느냐고 물었다.

'와, 된 거야?'

나는 물론이라며 고개를 세차게 끄덕였다. 그는 피식 웃더니 잘 부탁한다며 악수를 청했다.

덕분에 나는 카페 허(Cafe Huh?)의 직원으로 새로운 출발을 하게 되었다. 아직 군대도 다녀오지 않은 앳된 얼굴의 직원이 내 교육을 맡았다. 아침에 배달 오는 우유를 정리하고, 바닥 걸레질을 하고, 탁자 줄을 맞추고, 행주를 빨고, 김밥으로 저녁을 때우고, 매출 정산을 하는 하루하루가 이어졌다. 책상에 앉아서 마우스질만 하다가 온종일 서서 끝없이 에스프레소샷을 뽑고 청소를 하자니 다리가 붓고 손목이 시큰거렸다. 그렇지만 즐거웠다. 내가 올리는 우유거품이 점점 뽀얗고 부드러워질수록 희열을 느끼고, 마감하는 데 걸리는 시간이 점점 짧아질수록 보람을 느꼈다. 함께 일하는 친구들과 마감 후 넘기는 캔맥주가 그렇게 시원할 수가 없었다. 그렇게 한 달이 정신없이 지나갔다.

카페에는 끊임없이 학생들이 드나들었다. 특히나 영어에 대한 욕심이 있는 학생들은 카페의 스태프들에게 한 마디라도 더 붙여보려고 애를 썼다. 안면을 트고 친해지는 학생들이 생기면서 나는 좀 더 적극적으로 도와주려 애를 썼고, 점점 더 인사를 하고 지내는 이들이 많아졌다. 학원에서 강의를 하는 강사들도 꼭두새벽부터, 혹은 밤늦게까지 일을 하느라 카페를 자주 찾았다. 미국에서 오래 지낸 덕에 서로 아는 지인들이 있기도 했고, 같은 지역에서 지냈던 경험이 있으면 또 반가움에 한참 얘기를 나누기도 했다. 처음 아르바이트 자리를 구하기 어려워 발을 동동 구르던 시절에 대한 기억은 저 멀리 사라지고, 나랑 잘 맞는 곳을 찾았다는 생각에 매일 출근이 즐거웠다.

그러던 어느 날, 평소 자주 들르던 강사 제임스가 눈에 띄게 화려한 옷차림의 한 여자와 함께 카페로 들어왔다. 굵은 컬이 들어간 검고 긴 머리를 치렁치렁 늘어뜨리고 타이트한 분홍빛 셔츠에 진한 아이라인. 자꾸 눈길이 가는 걸 참으며 제임스에게 반갑게 인사를 건네었다. 그는 특유의 해맑은 미소를 띠고는 이번에 새로 강남점으로 옮긴 강사라며 그녀를 소개해주었다. 나이스 투 미츄, 라는 내 인사가 무색하게도 그녀의 표정에는 별다른 변화가 없었다. 머쓱한 듯한 표정의 제임스. 내 스토리를 어느 정도 알고 있는 그는 애써 분위기를 무마하려 내가 미국 어디에서 학교를 다니고 구글에 다녔단 얘기까지 읊어대는 무리수를 두었다. 역시나 그녀의 도도함은 요지부동이었고.

그 후 그녀는 제임스와 함께, 혹은 혼자 종종 카페에 들렀다. 변함없이 긴 머리를 휘날리고, 색이 자주 바뀌는 긴 손톱을 계산대에 대고 똑딱거리며, 한껏 과장된 억양으로 라떼를 주문하는 무표정의 그녀는 점점 불편한 존재가 되어갔다. 혼자 매번 미소 짓는 것도 어색해 그녀가 계산대로 다가올 때면 내 표정도 굳어지기 시작했다.

바쁜 저녁, 겨우 주문들을 쳐내고 한숨을 돌리고 있는데 카페로 그녀가 학생 한 무리를 이끌고 들어왔다. 예닐곱 명의 그들은 자리를 잡고 왁자지껄 떠들기 시작했고, 학생 몇 명이 와서 음료를 왕창 주문해 돌아갔다. 공부하던 다른 학생들까지 돌아볼 정도로 큰 목소리가 한동안 계속됐다. 매너 없는 그들 무리에 계속 신경이 쓰이던 차 본인 친구인지, 학생은 아닌 것 같은 한 남자가 들어와 '도도녀' 옆에 의자를 끌어다 앉았다. 그런데 이런, 둘은 영어를 섞어가며 신나게 한국어로 대화를 하는 것이 아닌가. 카페의 유일한 룰은 한국어 사용하지 않기. 한국어를 사용하는 사람이 있으면 카페의 분위기 유지를 위해 직원들이 십자가를 짊어지고 다가가서 주의를 주어야 했다. 물론 영어를 사용하기 불편해하거나 어색해 하는 이들이 직원들 눈치를 보아가며 한국말로 속닥이기도 했다. 그들의 심정을 이해하지 못하는 것도 아닌지라, 직원들 또한 크게 방해가 될 정도가 아니면 그냥 못 들은 척 넘기는 날이 대부분이기도 했고.

그러나 이 두 사람은 어이가 없었다. 강사라는 사람이 카페의 규칙을 대놓고 무시하는 것도 그렇고, 평소에는 오버스럽게 혀를 굴리더니만, 너무나 뻔뻔하게 큰 목소리로 한국어를 사용하는 것이 얄밉기도 했다. 단지 그녀와 대면하는 것이 껄끄러워 참고 또 참던 중, 점점 그들을 흘깃거리는 학생들이 늘어났다.

'휴, 어쩔 수 없지.'

빨간 원피스를 입고 있는 그녀 뒤로 천천히 다가갔다. 인기척을 느낀 그녀는 휙 돌아보더니 내 얼굴을 보고 미간을 찌푸렸다. 애써 억지로 미소를 지으며 조심스레 영어로 말했다.

"아시겠지만, 한국어를 쓰시…"

"당신 왜 난리죠? 내가 언제 한국말을 썼는데!"

벌떡 일어난 그녀는 내 말을 자르더니 수업 중인데 방해하지 말라며 크게 화를 내었다. 카페의 모든 이들이 나를 쳐다보고 있는 게 느껴졌다. 얼굴이 뜨겁게 달아올랐다. 가만히 서 있는 나를 뒤로하고 그녀는 친구의 팔을 잡아끌며 말했다.

"야, 가자."

아직까지 나에게 꽂혀 있는 시선들을 피해 카운터 뒤로 돌아갔다. 애꿎은 행주를 빨고 또 빨았다.

다음 날 여전히 씁쓸한 마음을 안고 일을 하고 있는데, 매니저가 굳은 표정으로 들어오더니 나를 불러내었다. 여기 스태프 불친절하고 무례하다는 민원이 들어왔다고. 도대체 무슨 일이냐며 앞으로 주의하라고. 구구절절 변명하기도 싫었다. 알겠다며 조용히 다시 카페로 들어오는데, 왈칵 눈물이 났다. 그렇게 서러울 수가 없었다.

'젠장, 나보다 영어도 못하는 게. 내가 코넬 졸업생이고 구글을 다녔었는데.'

창고로 들어가 쭈그리고 앉아 펑펑 울었다. 간신히 울음을 멈추고 코를 몇 번 더 홀쩍이다 슬그머니 문을 열고 나왔다. 오후조인 루벤이 그 새 출근해 있다가 빨개진 내 눈을 보고 놀라 무슨 일이냐고 물어댔다. 그런 마녀는 신경 쓰지 말라며 웃어주는 친구의 토닥거림에 그제야 마음이 가라앉았다.

그 사건 이후로 발걸음을 끊은 그녀 덕분인 것도 있지만, 동료들과의 호흡이 점점 더 맞아감에 따라 일하는 재미가 급상승했다. 특히나 처음부터 쉽게 친해진 우리 사총사는 일이 끝나고 야식을 먹거나 맥주 한 잔 걸치는 날들이 점점 더 많아지며 매우 가까운 사이가 되었다. 좋아하는 사람들과 일을 하니, 내가 당장 해야 하는 일에 급급해 하는 대신 상대방이 무엇을 필요로 하는지 먼저 살피는 것이 자연스러워졌다. 냉장고에서 필요한 게 있어 열었는데 상대방이 라떼를 만들기 시작하면 우유를 꺼내준다든지, 카푸치노를 완성하고 있는 동료에게 멀리 있는 시나몬 파우더를 가져와 미리 뚜껑을 열어둔다든지. 사소하지만 이런 배려가 팀워크에서 대단한 시너지 효과를 낸다는 진리를 깨달았다. 서로를 배려하는 마음이 있으니 손님이 파도처럼 밀려들어오는 러시아워도 무섭지 않았다.

정신없이 스무 잔, 서른 잔의 음료 주문이 들어온다.

"베이글 넣었지? 내가 크림치즈 꺼낼게."

"샷 두 개 더. 난 우유거품 낼게."

"얼음잔 만들어두었어. 아메리카노 세 잔."

계속해서 호흡을 맞추며 최대한 빠른 시간에 주문을 뽑아내는 마치 스포츠 경기 같은 그 순간. 눈빛만 봐도 척척인 우리 사총사와 맞이하는 러시아워는 스트레스는커녕 오히려 희열을 안겨주었다.

시급 오천 원의 나이 많은 카페 알바생. 예전처럼 쏟아지던 부러움의 목소리나 무조건적인 인정도 없었다. 손님들은 나를 알바생 그 이상으로 절대 취급해주지 않았다. 그렇지만 이전의 그 어떤 직장에서보다도 환상적인 팀워크를 체험하며, 나는 마음 한편에 지니고 있던 서비스업에 대한 트라우마를 완벽히 떨쳐낼 수 있었다.

런던티,
자신감을 심어준 내 친정엄마

회사를 그만둔 지 몇 달이라는 시간이 눈 깜짝할 새 지나갔다. 그동안 새로운 세계에 빠져 한동안 소홀했던, 이제는 예전 직장동료가 되어버린 친구 둘과 저녁을 먹는 자리. 만나기로 한 압구정의 유명 이탈리안 레스토랑에 약속 시간을 조금 넘겨 헐레벌떡 들어가니 그 둘은 이미 도착해 신나게 수다를 떨고 있었다. 나를 본 둘은 눈이 동그래지며 왜 이렇게 얼굴이 좋아졌느냐고, 역시 회사를 나가야 얼굴이 핀다며 깔깔대었다. 회사를 뛰쳐나간 내 근황을 궁금해하는 그들에게, 나는 카페 알바생 신분으로서 겪고 있는 온갖 에피소드들을 쏟아내었다. 얼마나 얘기했을까, 일방적으로 내 소식만 전하는 것 같아 머쓱한 마음에 둘의 안부를 물으려는 찰나.

"어머, 어머, 저기 걔 아니야? 그 드라마에 나오는 탤런트?"

"야, 맞아, 맞아! 우아, 실물이 훨씬 낫다."

당시 핫플레이스로 소문이 나 있던 그 레스토랑 한 구석에는 한창 주가가 오르던 남자배우 한 명이 동료인 듯한 몇 명과 식사 중이었다. 계속해서 구석자리를 힐끔거리던 둘은 "옆의 여자는 누구일까, 얼마 전까지 누구랑 만났다더라"며 관심을 끊지 못했다. 물론 연예인을 보는 건 신기하고 재밌는 일이었다. 그렇지만 잘생긴 그의 얼굴 대신, 내 눈길이 향하는 이는 따로 있었다. 바로 그 레스토랑의 요리사들. 오픈키친의 카운터 뒤에서 땀을 흘리며 분주하게 움직이는 조리복 차림의 그들을 자꾸만 쳐다보게 되었다. 나도 저기에 서고 싶은데. 언제나 주방에서 일하게 될까. 동경의 눈빛을 보내며 한창 망상에 빠져 있던 와중.

"주원, 근데 지금 일 언제까지 할 거야?"

생각해본 적이 없는 질문에 머리를 긁적였다. 얼마 전에 받아든 존슨앤웨일즈 합격통지서. 학기가 시작하기까지는 아직 네다섯 달이 남았고, 주방에서의 아르바이트 경험이 간절했다. 그렇지만 카페도 이렇게 알바 찾기가 어려웠는데 레스토랑은 오죽할까.

평소 나에 대한 과대평가로 자신감을 심어주던 내 친구. 마침 친한 언니가 요리사로 있는 이태원의 브런치 레스토랑에서 임시로 사람이 필요하다며 나를 소개해주고 싶다고 했다. 예전에 한 번 식사하러 간 적도 있는 런던타리는 곳. 마침 요리사가 한 달 가까이 자리를 비워야 하는데 보름 정도 교육을 받고 그 기간 동안 대신 일하는 조건이었다.

'헉, 내가 과연 할 수 있을까?'

주저하는 나를 두고 그녀는 당연히 할 수 있다며 그 자리에서 문자를 보내기 시작했다.

당장 시간이 날 때마다 이태원으로 출근하기 시작했다. 다섯 평 남짓한 그곳은 아기자기하면서도 생동감 있는 인테리어와 풍부하고 달콤한 브런치 메뉴로 많은 사랑을 받는 곳이었다. 주말만 되면 엄청나게 사람들이 몰려들어 포기하고 돌아가는 손님들도 꽤 되었다. 아직 아무것도 할 줄 모르는 나는 테이블을 치우고 음식을 나르며 저기요, 저기요, 를 외쳐대는 손님들에게 끌려다녔다.

파고다 학원 카페의 손님들은 대부분 학생이었고, 학원의 일부분으로 여겨지는 시설과 저렴한 음료 가격 덕분일까. 서비스나 음료가 크게 마음에 들지 않아도 태클을 거는 손님은 찾아보기가 힘들었다. 음료를 주문하지 않고 자리에 앉아 서너 시간씩 죽치고 있거나, 외부 음식을 반입해도 제지하지 않는 상황에서 어떻게 보면 당연한 일이었다.

하지만 런던티는 완전히 상황이 달랐다. 주말에 돈을 쓰고 시간을 내어 특별한 식사를 하러 온 손님들은 조금이라도 아쉬운 부분이 있으면 가차 없이 날카로운 눈빛을 날렸다. 음식 하나가 늦게 나왔는데 말로만 사과했다고 혼이 나고, 블로그에서 본 것보다 샐러드 양이 적다고 혼이 나고, 뜨거운 커피가 너무 미지근하다고 혼이 나고. 그럴 때마다 억울함이 솟구치고 얼굴이 굳어졌지만, 어금니를 깨물며 마음을 억누르고 미소를 지으려 애를 썼다. 런던티에 출근한 날이면 다리가 아픈 게 아니라 마음이 아팠다. 여태까지 몇 달 카페에서 나름 마음고생을 하며 서비스업에 적응했다 생각했는데, 참으로 우스운 착각이었던 것이다.

마음에 굳은살이 조금씩 배겨가면서 음식도 한두 가지씩 배워나갔다. 카페에서도 간단한 음식을 준비하긴 했지만, 그래봤자 냉동피자를 오븐에 굽거나 베이글을 토스터에 넣었다 크림치즈를 바르는 것이 전부였다. 런던티는 스무 개 가까이 되는 다양한 메뉴 준비에다가, 오믈렛과 팬케이크 등 불 조절을 능숙하게 해야 하는 음식들이 대부분이었다. 자, 드디어 첫 도전. 몇 번이고 요리사의 시연을 본 후 덜덜 떨리는 손으로 내가 실습에 들어갔다.

우선 달걀 세 개.
아차, 껍질이 들어갔다.
소금과 후추 간 했다.
이제 뭐를 해야 하더라?
아, 그렇지, 버터를 녹여야지.
불이 너무 센가? 줄이자.
흠, 너무 약한가? 우선 달걀물을 붓자.
아까는 달걀이 부풀어 오르던데 이상하다.
헉, 너무 익어버렸다.
으음. 뭔가 이상한데.

양식조리사 시험도 봤는데 이 정도야, 라고 의욕적으로 덤빈 결과는 촉촉하기는커녕 퍽퍽한, 심지어 밑면이 갈색이 되어버린 오믈렛이었다. 내가 허둥대며 버벅거리는 모습을 조용히 지켜보던 요리사와 사장님은 오믈렛을 시식하고는 굳은 표정으로 한숨을 내쉬었다.

'아, 친구여, 왜 나를 소개해주었니.'

매 식사를 오믈렛으로 때우며 연습을 거듭한 결과, 손님에게 내놓을 수 있는 상태에는 이르렀다. 그렇지만 내 손은 좀처럼 속도가 붙을 줄 몰랐다. 그렇게 요리사는 미국으로 떠났고, 무서운 주말이 다가왔다. 평소와 다름없이 끊임없이 손님이 밀어닥치는 토요일 낮. 당장 오믈렛 열 개, 프렌치토스트 일곱 개, 샐러드 다섯 개를 뽑아내야 하는데 머리는 안 돌아가고 손은 느리고, 죽을 맛이었다. 계속 밀려드는 주문에 긴장한 탓일까, 간신히 완성한 샐러드를 그릇에 옮겨 담다 그만 엎고 말았다. 허둥지둥 쏟아진 음식을 대강 치우고 다시 사과를 썰기 시작하는데, 갑자기 뒤에서 화난 목소리가 들려왔다.

"여기 왜 이렇게 안 나와요!"

한참을 기다리다 못해 허기가 졌을 법한 한 손님이 잔뜩 미간을 찌푸린 채 카운터 뒤에 서 있었다. 너무나도 당황한 나는 차마 입이 떨어지지 않았다. 머뭇거리는 사이 사장님이 뛰쳐나가 침착하게 손님을 달래었다.

돌아선 나는 얼굴이 시뻘게졌다. 숨을 곳도 없었다. 어디 도망가서

울거나 마음을 달랠 곳도 없었다. 일 초 만에 마음을 가다듬고 다시 불 앞에 서야 할 뿐이었다.

'정신 차리자.'

오믈렛 두 개를 팬에 올려놓고 샐러드를 완성했다. 땀을 뻘뻘 흘려대며 정신없이 달걀을 풀고, 오믈렛을 부치고, 접시에 담아내고를 몇 번이나 반복했을까. 마지막 오믈렛을 보내고 뒤를 돌아보니 그 많던 손님들이 다 빠지고 달랑 한 테이블만 남아 있었다. 갑자기 긴장이 탁 풀렸다. 열려 있는 창문 틈새로 불어 들어오는 산뜻한 봄바람에 땀을 닦아냈다.

시간이 지나면서, 거짓말처럼 실력이 늘었다. 오믈렛은 폭신하고 촉촉하게, 팬케이크는 뽀송하고 부드럽게.

그 좁은 주방 구석구석 자리한 재료들과 기물들을 척척 찾아 빠르게 움직일 수 있게 되었고, 음식을 만들면서 음료까지 뽑아내는 여유를 부릴 수도 있게 되었다. 특히 조리에 걸리는 시간이 각자 다른 메뉴 여러 가지를 절묘하게 타이밍을 맞춰 한 번에 내는 멀티태스킹의 희열은 대단했다.

사과오믈렛과 프렌치토스트. 라떼와 스무디.
우선 팬 두 개를 불에 올린다.
재빨리 달걀 세 개를 풀고 밑간을 한다.
프렌치토스트를 달걀물에 적신다.

달궈진 팬에 버터를 각각 한 스푼씩 녹이고 달걀물을 붓는다.
프렌치토스트를 팬에 올린다.
불 조절을 한 번씩 해주고 스무디 재료를 믹서에 넣고 돌린다.
오믈렛에 들어가는 사과와 치즈를 넣고 반 접어준다. 다시 불 조절.
프렌치토스트를 뒤집는다.
커피원두를 갈아 에스프레소샷을 뽑는다.
오믈렛과 프렌치토스트 상태를 확인. 거의 다 익었으면 약불로 조절.
우유거품을 올려 라떼를 담아낸다.
스무디도 마지막으로 휙 갈아 담아낸다.
불을 끄고 오믈렛과 토스트를 각각 접시에 담아 샐러드를 올리고 슈거파우더를 뿌린다.

    점점 타이밍이 정확해지면서 음식과 음료 모두 만족스러운 상태로 나갈 수 있게 되자, 원망스러웠던 친구가 갑자기 고맙기 짝이 없었다. 막연히 나를 믿고 이런 좋은 기회에 추천을 해주다니 말이다.
    그렇지만 무엇보다 감사를 드려야 할 분은 바로 런던티의 사장님이었다. 처음 본, 그것도 외식업 경험이 전무후무한 나에게 사장님은 인내심과 믿음으로 기회를 열어주셨다. 음식에 바로 손을 대면서 배울 수 있던 것은 물론이거니와, 메뉴칠판 글씨와 일러스트, 음악 선곡, 디저트 메뉴 개발 및 런던티의 다양한 부분에 정말 '쿨하게' 내 역량을 발휘해볼

수 있도록 해주셨다.

　그것보다 더 감사했던 건, 사장님이 나를 단순한 알바생으로 대하지 않았다는 것이다. 손님이 다 빠지고 한가한 오후, 밥을 시켜먹으며 수다를 떠는 시간. 일이며 결혼이며 다양한 고민을 털어놓을 때마다 열심히 들어주신 덕분에 우리는 항상 좋은 대화를 나누었다. 게다가 고된 주말을 마무리한 후 "싸장님이 쏜다~"를 외치시며 근처 스포츠마사지숍에 가서 잔뜩 쌓인 피로를 풀어주는 호사를 베풀기도 하던, 때로는 엄마같던, 때로는 언니같던 우리 사장님. 얼떨결에 일하게 되었지만, 친정 같은 런던티는 내가 새로운 길을 걸어가는 데 있어서 꼭 필요했던 자신감과 사랑을 선사해주었다.

내일 당장 지구가 멸망하면
오늘 무얼 할래

대학 입학 후 얼마 지나지 않아 친구들과 캠핑을 간 적이 있다. 울창한 숲을 가로질러 가늘게 난 길을 따라 걸으며 웅장한 자연의 정취를 즐겼다. 냇가가 나타나면 시원한 물에 잠시 발을 담그고 간식을 먹다 쉬어가고. 얼마나 걸었을까. 해가 곧 지려는 모양새를 취하며 산자락 언저리에 매달려 있었다. 서둘러 평평한 지대를 찾아 텐트를 치기 시작했다. 이글 스카우트 출신의 친구가 능숙한 손놀림으로 모닥불을 피우고, 우리는 그 둘레에 옹기종기 모여앉아 저녁거리와 잘 모셔온 위스키 한 병을 꺼내어 홀짝거리기 시작했다.

해가 완전히 지고 별이 하나둘 선명하게 드러나기 시작했다. 다들 어느 정도 취기가 오르고 나른해진 시간. 침낭에 반쯤 누워 계속 이야기꽃을 피우던 중 누군가 외쳤다.

"야, 하늘 좀 봐!"

우주에 있는 별들이란 별들은 전부 총출동한 것 같은, 당장이라도 쏟아질 것만 같은 찬란한 밤하늘. 술에 취하고 별하늘에 취해 모두 조용한 채로 드러누워 그 순간을 만끽하고 있었다. 갑자기 한 친구가 웅얼거리는 목소리로 뜬금없는 질문을 던졌다.

"내일 당장 지구가 멸망하면 너넨 뭐할 거냐?"

별난 질문에 아무도 답이 없었다. 고요함 속에 찌르르 벌레 우는 소리만 들려왔다. 그에 이어 가볍게 코 고는 소리가 들려왔다.

'픕, 많이도 취했구나.'

아직 잠이 오지 않는 나는 침낭에 몸을 묻고 다시 밤하늘을 올려다보았다. 바보 같다 생각했던 그 친구의 질문이 머릿속에 맴돌았다.

'흠, 글쎄. 뭘 하면 좋을까? 뭐 이렇게 별만 바라보고 있어도 좋겠다. 딱 지금처럼 좋은 사람들과 모닥불 주위에서 술 한 잔을 나누며.'

흔히들 'Carpe Diem, Seize the day' 같은 문구를 통해 표방하는 삶의 방식. 과거나 미래에 연연하면서 현재에 집중하지 못하는 대신, 지금 이 순간에 최선을 다하고 즐겨라, 라는 조언. 지금 이 순간에 최선을 다한다는 의미는, 지구가 내일 멸망하건 백 년 후에 멸망하건 간에 내가 오늘을 사는 방식이 달라지지 않는다는 말이 아닐까. 골똘히 생각에 잠겨 있다 어느새 스르르 잠이 들었다.

스무 살 대학생에게 별 생각 없이 던져진 그 극단적인 질문은 그 이후 내가 삶에서 중요한 것들이 무엇인지 우선순위를 파악하는 데 큰 도움이 되었다(누구는 내가 순간순간 하고 싶은 것을 하기 위한 합리화라고도 표현할 수도 있겠지만 말이다). 대학 시절에야 수업 시간을 제외하고는 워낙 즐거운 일들이 많았기에 큰 거슬림 없이 지내다가, 직장생활을 시작한 이후는 수없이 나 자신에게 저 질문을 던졌다. 한 가지 답은 확실했다. 절대로 회사에 출근할 리는 없다는 것. 그렇다고 딱히 대안으로 하고 싶은 일이 떠오르는 건 아니었지만, 분명 더 가치 있게 마지막 날을 보낼 수 있을 것이라 생각했다.

요리에 본격적으로 빠져 한동안 떠올리지 못했던 그 질문. 정신없이 지내다가 어느덧 7월이 되고 학교에 갈 날이 다가오자, 퍼뜩 생각이 났다.

"내일 지구가 멸망한다 하더라도 오늘처럼 살 거니?"

정답은 예스.

내일 당장 지구가 멸망해도, 난 아침에 일어나 샤워를 하고 이태원으로 출근해 오믈렛 오십 개를 만들고 팬케이크 오십 개를 부치고 퇴근 후 가족들과 담소를 나누며 직접 만든 저녁을 나누어 먹고 와인 한 잔을 걸친 후 춤을 추며 마지막 날을 맞이하겠소.

2011년 여름, 나는 난생 처음으로 누구의 눈치도 보지 않고 온전히 나를 행복하게 만들어주는 일들로 내 하루하루를 새롭게 채워넣는 데 성공했다.

Chapter 4

불과 칼의 놀이터,
'희열치열' 주방의 세계

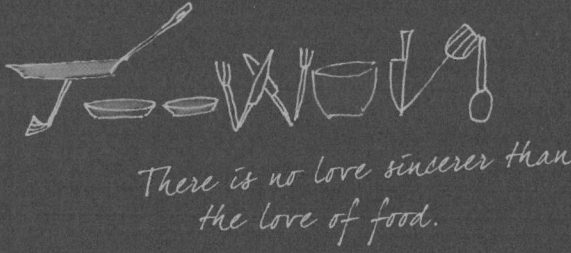

There is no love sincerer than
the love of food.

컴퓨터와 정장 대신
칼과 조리복

드디어 기다리고 기다리던 8월이 다가왔다. 비행기를 타고 뉴욕으로 가는 내내, 마치 처음 미국행에 오른 것마냥 가슴이 설레었다. 꿈에 그리기만 하던 요리수업을 온종일 일 년 내내 받다니. 앞으로의 수업들이 기대가 되어 학교에서 보내준 커리큘럼 목록을 닳고 닳도록 읽었다. 잠시 눈을 붙였다 갑자기 두근대는 기운에 눈을 뜨니 비행기는 벌써 착륙을 위한 하강을 시작하고 있었다.

'아, 도착했구나.'

존슨앤웨일즈가 위치한 프로비던스(Providence)라는 도시에 도착했다. 디자인의 대표주자격인 RISD(Rhode Island School of Design)와 아이비리그인 브라운 대학교(Brown University)를 포함해 여러 개의 대학이 몰려 있는 이 작은 도시는 신입생들과 여름방학을 끝내고 돌아온 재학생들로 이미 바글거렸다. 다운타운도 마찬가지였지만, 8개월 만에 다시 발걸음을 한 학교 캠퍼스는 조용했던 그때와는 달리 활기가 넘쳐흘렀다. 카페테리아며 도서관이며 반가운 인사를 나누는 친구들로 가득했고, 교과서와 기타 준비물을 사러 들른 캠퍼스 상점에서는 한참이나 줄을 서야 계산을 할 수 있었다.

무엇보다 놀랐던 건 오리엔테이션에서였다. 체육관의 커다란 강당에서 열린 신입생 환영회. 분명 조리과 신입생들만 모이는 자리인 것 같은데, 전 학교 학생이 다 모인 것마냥 강당 안은 꽉 차 있었다. 알고보니 나와 함께 올해 조리과에 입학하는 학생 수만 약 1,200명. 와우, 나 고등학교 때 우리 학년이 80명 남짓이었는데 말이다. 이 수많은 학생들이 요리를 한다고 이곳에 와 있다니. 전쟁터를 방불케 하는 그 한가운데 앉아있자니 갑자기 밀려오는 위축감. 백발을 멋지게 빗어넘긴 요리학교의 학장은 역대 최고 인원의 신입생이 몰렸다며 입이 귀에 걸린 채로 환영 인사를 건네었다.

그 많은 학생들의 웅성거림 턱에 환영회는 어떻게 마무리되었는지 기억도 잘 나지 않고, 우리는 마치 커다란 양떼처럼 인도를 받으며 다음 건물로 이동했다. 바자회 시장을 방불케 하는 그곳에서는 유니폼 지급이 이루어지고 있었다. 내 이름이 쓰인 종이 한 장을 받고 코너에서 코너로 이동할 때마다 짐이 한 아름씩 늘어났다. 조리복 상의 세 벌과 하의 두 벌, 웨이터 상의 두 벌과 정장 바지 한 벌, 조리화 한 켤레, 앞치마 세 개, 주방 행주 한 뭉치, 빵모자 세 개, 내 이름이 정직하게 박혀 있는

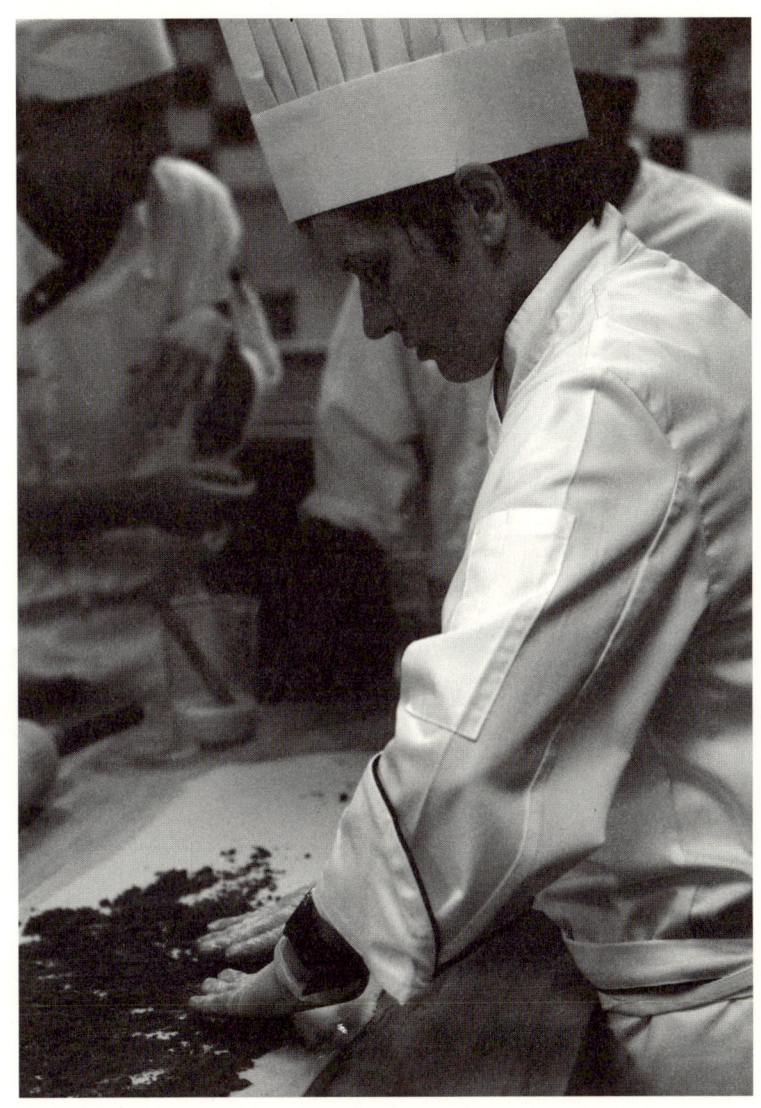

명찰 두 개.

'뭐가 이렇게 많은 거지?'

집에 와서 받아온 짐을 하나하나 다시 풀어 정리하기 시작했다. 문득 옛날 중학교 시절이 생각이 났다. 가뜩이나 선머슴 같던 열네 살, 뻣뻣한 재질에 여성미라고는 찾아볼 수 없는 평퍼짐한 교복은 입을 때마다 짜증이 몰려왔다. 아마 그때 이후로 유니폼은 처음 입는 것일 텐데. 역시나 여성미는 제로인 순백색의 하얀 재킷과 평퍼짐한 검정 체크무늬 하의. 거기에 투박하고 두꺼운 밑창의 검정 조리화. 그렇지만 벗기가 싫었다. 머리를 대강 틀어 묶고 명찰까지 달아보니 마치 내가 벌써 유명 레스토랑의 주방장이 된 것마냥 신이 났다. 거울 앞에 한참이나 서서 이리 돌아보고 저리 돌아보며 공상에 젖었다.

그렇지만 그 설렘 가득한 조리복을 입는 데에는 몇 가지 조건이 따라왔다. 소매며 바짓단이며 항상 반듯하게 각이 잡혀 다림질이 되어 있을 것. 그리고 눈에 띄는 작은 얼룩 하나라도 없을 것. 조리화는 항상 반질반질 윤이 날 것. 거기에다 신축성이 거의 없는 동그란 모자를 쓸 때에는 머리 한 올이라도 삐져나올까 봐 정성스레 젤을 발라 땋고 모자 안에 구겨 넣기 위해 거울 앞에서 한참이나 씨름을 해야 했다. 예전 회사에 출근할 때는 계속 울려대는 알람을 몇 번이나 누르고 나서 느지막이 일어나 허둥지둥 걸려 있는 옷 중에서 대충 골라 입고 나가면 되었는데, 이 상황에서는 어림 반 푼어치도 없었다. 우선 아홉 시간 수업을 마치고 집에 돌아오면 조금이라도 묻은 얼룩이 지워지지 않을까 봐 헐레벌떡 빨래부터 해야 했다. 표백제를 풀은 물에 담가놓았다가 단추 하나하나, 깃, 소매 끝단까지 칫솔로 벅벅. 그리고 세탁기에 돌려 얼룩이 지워진 걸 확인하고 나서야 마음이 놓였다.

과제를 마치고 수업 준비를 하다 보면 어느새 늦은 밤. 그렇지만 다림질이라는 중요한 숙제를 마치기 전까지는 잠에 들 수 없었다. 침대에서 책을 읽다 실수로 잠들어버리기라도 하면 매우 낭패. 간단한 셔츠 외에는 다림질을 제대로 해본 적이 없는 내게는 상당한 시간이 걸리는 힘든 프로젝트였다. 소매 한쪽을 다리고 나면 다른 한쪽이 구겨져 있고, 몸통을 다리다 보면 또 어깨 쪽이 찌그러져 있고. 아무리 머리를 굴려 열심히 해봐도 교수가 만족해할 만한 상태에 도달할 수 없어 밤 열두 시에 다림질 동영상을 여러 개 찾아보기도 했다. 이거, 도대체 내가 빨래를 하러 온 건지 요리를 하러 온 건지.

그렇게 정성들여 깨끗한 조리복 차림으로 실습실에 들어가면 마음가짐이 남달라질 수밖에 없었다. 그걸 잘 아는 학교는 옷차림에 대해 전체적으로 상당히 엄격한 규율과 분위기를 끊임없이 조성했고, 조리복뿐만 아니라 귀걸이를 포함한 액세서리며 손톱 길이도 마찬가지였다.

제일 젊은 교수 중 한 명인 셰프 루이스(Chef Lewis). 수업 전날 단체 메일까지 보내며 복장에 대해 다시 한 번 강조한 그의 성격이 어느 정도 파악이 되었다. 다시 한 번 손톱을 점검하고, 다림질도 완벽히 해놓았다. 다음 날 실습실 문 앞에 우리는 길게 줄을 섰다. 머리부터 발끝까지 셰프 루이스의 날카로운 스캔을 통과한 학생들은 출석부에 체크를 하고 주방 안으로 골인할 수 있었다. 계속 내려오던 셰프가 갑자기 멈칫했다. 내가 다 긴장이 되었다.

"오늘 아침에 면도한 건가?"

한 남학생 앞에 선 그는 학생의 뺨을 유심히 쳐다보았다.

'했다고 해!'

"아, 아니요. 어제 했습니다."

셰프 루이스는 말없이 주머니에서 일회용 면도기를 꺼내주며 깨끗이 면도하지 않은 얼굴로는 주방에 절대 출입금지라며 씩 웃었다. 내 차례가 다가오자 얼마나 떨리던지. 굳어 있는 나를 아래위로 훑어보고는 그가 피식 웃으며 어깨를 툭툭 쳤다.

"환영합니다. 들어가도 좋아요."

'휴.'

안도의 한숨이 절로 나왔다.

그러나 유니폼 검사의 최고봉은 따로 있었다. 수업이 없는 날, 느지막이 일어나 여유를 즐기고 있는데 수업을 간다고 일찍부터 나간 룸메이트가 갑자기 화를 내며 문을 박차고 들어왔다.

'뭐야, 왜 이렇게 일찍 왔어?'

"젠장, 퓨스 셰프!"

씩씩거리며 욕을 하던 룸메이트는 무시무시한 셰프 퓨스(Chef Fuchs) 얘기를 늘어놓기 시작했다. 정육 수업 담당인 그의 수업 첫날은 바로 한 시간 가까이의 다림질 강의로 시작된다는 것. 당연히 학생들의 조리복은 한 치의 더러움이나 구김도 허용이 되지 않았다. 나보다 다림질에 더 서툴고 심지어 게으른 룸메이트는 역시나 엄청난 욕을 먹고 집으로 돌려보내진 것이다.

치사해서 수업 안 듣는다며 소파에 벌러덩 누워버린 그를 뒤로하고 나는 인터넷을 켰다. 교수의 이름을 검색해보니, 역시나 그의 명성은 자자했다. 실습실 천장까지 청소를 시킨다는 그. 도저히 본인 빨래 실력으로는 감당이 안 되어 유니폼을 아예 새로 샀다는 학생도 있었다.

'풋, 대단한 사람이네.'

며칠 후 수업이 끝나고 집에 오는 길. 캠퍼스 대부분의 사람들이 하얀 조리복 차림인데, 그 무리 속에 유난히 눈에 띄는 한 사람이 있었다. 마치 마네킹에 걸려 있는 쇼윈도의 진열용 조리복 같은 그의 상의는 눈부시게 하얀 빛이 나고 실크같이 매끈했다. 한눈에 알 수 있었다. 그가 셰프 퓨스라는 걸. 거짓말 같이 반짝거리는 그의 조리복에서 눈을 뗄 수가 없어서 한참이나 쳐다보던 중 갑자기 그가 휙 뒤를 돌아보았다. 얇은 은빛 안경테 너머의 날카로운 눈빛을 피해 얼른 눈을 돌렸다.

불행인지 다행인지, 셰프 퓨스의 수업을 들을 일은 없었지만 그는 나에게 꽤나 강렬한 인상을 남겨주었다. 조금이나마 빨래가 귀찮고 다림질이 싫증날 때면 어김없이 떠오르는 그의 빛나는 자태. 덕분에 내 가사 실력은 날로 늘어가며 주방에 발을 들이기 전에 먼저 갖춰야 할 기본을 다질 수 있었다.

최고의 관문,
두 시간 바닥 청소를 견뎌라

조리복과의 전쟁이 익숙해지고 나니 한결 마음이 놓였다.

'그래, 이제 요리만 잘하면 되는구나.'

존슨앤웨일즈에서의 첫 수업은 육수와 소스 끓이기였다. 보통 수업 첫날은 오리엔테이션으로 흐지부지 보내고 집에 일찍 가는 것을 당연시했었는데, 착각이었다. 첫날부터 펑펑 쏟아지는 이론과 과제들. 쉴 틈 없이 이어지는 실습. 각종 야채를 들고 칼질 연습을 하고, 닭뼈를 다듬고 치킨스톡을 끓였다. 땀이 뻘뻘 났다.

끓인 육수를 거르고 뒷정리를 하고 나니 그래도 수업시간이 끝나기까지는 아직 한 시간이 좀 넘게 남아 있었다.

'휴, 그래도 좀 일찍 끝나기는 했네.'

칼과 조리 도구들을 챙기며 슬슬 집에 갈 채비를 하던 중, 셰프 요한슨(Chef Johansson)이 '주목'을 외쳤다. 기나긴 여름방학이 끝나고 첫 개

시한 실습실. 그는 구석구석 손가락으로 문질러보며 켜켜이 쌓인 먼지들을 닦아내라고 지시했다. 열심히 걸레질을 하고 있는데 갑자기 셰프가 내 이름을 불렀다. 무슨 영문인지 몰라 다가가니 그는 각종 향신료며 마른 재료들이 쌓여 있는 찬장을 가리키며 정리를 부탁했다.

'아니, 첫날부터 대청소라니.'

막상 찬장을 들여다보니 할 일이 꽤 있었다. 유통기한도 살펴보고, 향신료 통도 닦아내고, 이백여 개가 되는 통들을 알파벳순으로 쫙 정리를 하고 나니 집에 일찍 가기는커녕 이미 수업시간이 지나 있었다.

첫날이니 대청소 할 수 있지, 라는 생각은 완전한 착각이었음이 곧 드러났다. 수업이 있는 날마다 각자의 스테이션 청소 및 설거지는 물론이고, 환기구와 배수구까지 매번 깨끗하게 닦아내고 비워내야 했다. 냄비를 올려놓았던 화구도 모두 들어내고 오븐 안쪽도 닦아내고. 바닥까지 빗자루질에 걸레질에, 남아 있는 물기까지 싹 밀어내고 나면 드디어 청소가 끝났다. 맞다, 그을린 냄비는 모두 수세미질과 사포질로 새것같이 만들어놓아야 하지.

대부분의 셰프들이 상당히 엄격한 청소의 기준을 지녔지만, 복장 점검에서 이미 확인한 셰프 루이스의 별난 꼼꼼함은 청소에서도 여실히 드러났다. 그는 정말로, 바닥에 깨 한 톨이라도 있으면 집에 보내주지 않았다. 설거지 공간까지 포함하면 30평은 족히 되어 보이는 실습실. 그는 매일 오븐 아래며 찬장 밑이며 실습실의 구석구석을 날카롭게 훑었고, 조

금이라도 눈에 띄는 무언가가 있으면 줍게 했다. 한 번은 셰프가 가리킨 오븐 아래쪽을 아무리 봐도 모르겠어서 한참을 보고 있는데, 제일 앞쪽 구석에, 정말로 눈곱만 한 당근 조각(이라고 하기도 뭐한)이 눈에 들어왔다.
'오 마이 갓!'

이미 바닥 청소가 다 끝나고 걸레까지 빤 상황. 지칠 대로 지친 표정으로 집에 가기만을 기다리던 학생들은 휴지를 들고 그의 뒤를 따라다니며 한숨을 내쉬었다.

물론 바닥 청소뿐만이 아니었다. 작업을 하지도 않은 쪽에 뭐가 튀었겠어, 라며 게으름을 피우는 우리들에게 그는 가차 없이 실습실 벽 전체를 비누칠하게 했다. 주방의 기구들은 대부분 쉽게 옮길 수 있게 바퀴가 달려 있었는데, 거기에 쌓인 먼지도 한 바퀴씩 굴려가며 깨끗하게 닦아내야 했다.

그리고 냉장고. '워크인'이라 불리는 주방의 냉장고는 아예 창고처럼 들어갈 수 있는 독립된 공간이다. 실습시간에 스무 명의 학생들이 서로 바쁘게 재료를 가져가느라 수업이 끝날 무렵이면 워크인은 항상 엉망이 되어 있기 일쑤. 각종 봉지며 대충 랩이 씌워진 채소들을 정리하는 것은 물론이고, 배운 위생법에 맞게 순서도 정리해야 했다. 바로 먹을 수 있는 음식 제일 위 칸. 그 다음은 과채류, 생선, 붉은 고기… 가금류가 제일 아래 칸. 달걀과 유제품은 따로.

'아, 요리는 언제 하나.'

칼질 좀 하고 팬 좀 돌리러 왔던 학생들의 얼굴에는 점점 그늘이 지기 시작했고, 청소시간이 되면 시큰둥한 표정으로 대충 손놀림을 하는 친구들이 몇 명 눈에 띄기 시작했다. 아예 대놓고 설거지하는 척하며 시간을 때우는 학생들도 있었다. 그러다 보니 실제로 청소를 하는 학생들의 수는 점점 적어졌고, 청소하는 시간은 그만큼 길어졌다.

"얘들아, 집에 좀 가자!"

셰프 루이스가 언성을 높였다. 이미 두 번이나 탈락한 청소 검사. 원래 수업이 끝나는 시간보다 두 시간이나 지난 밤 아홉 시. 모두가 지쳐 있었다.

집에 와서 조리복을 세탁기 안에 던져 넣고 침대에 뻗으니 정말 미칠 듯한 피로가 몰려왔다. 그날따라 애들이 태워먹은 팬만 열 몇 개. 한 시간이 넘는 수세미질로 인해 욱신거리는 오른쪽 손목을 부여잡고 눈을 감았다.

다음 날 겨우 다림질을 마치고 반쯤 감긴 눈으로 등교하는 길, 학교 셔틀버스에서 저번 수업을 같이 들었던 저스틴과 마주쳤다. 함께 각 잡힌 조리복과 모자를 쓰고 수업을 들었던 그는 금발로 염색하고 왁스를 발라 한껏 멋을 부린 머리에 찢어진 청바지의 사복 차림이었다. 그 전에는 몰랐던 피어싱도 귀에 여러 개 꽂혀 있었다.

"야, 잘 지냈어? 너 근데 왜 요새 안 보이냐."

"어, 나 전공 바꿨어. 내가 생각했던 거랑 너무 다르더라고. 만날 쓸

데없는 잔소리나 하고 청소나 시키고. 학교가 돈 아끼려고 청소부들 대신에 학생들 시켜먹는 거다, 진짜. 학비가 얼만데 짜증나서 말이지."

"요리 안 해, 그럼? 뭐해?"

"어, 호텔 매니저먼트라고 있더라. 완전 편해."

밀라노 출신의 할머니 손맛을 이어 모던 이탈리안 레스토랑을 열겠다며 열정을 불태우던 그의 모습은 같은 사람이 맞나 싶을 정도로 변해 있었다.

청소와 빨래에 지쳐 전공을 바꾸는 학생들은 비단 저스틴뿐만이 아니었다. 첫 수업을 같이 들었던 여러 명의 친구들은 각각 스포츠 매니지먼트, 마케팅, 투어리즘 등 다양한 곳으로 옮겨갔고, 아는 얼굴들이 캠퍼스에서 하나둘씩 사라지기 시작했다.

조리전공끼리 으레 서로 하는 첫 질문인 요리를 하게 된 계기를 물어볼 때, 매우 많은 학생들은 순진한 미소를 지으며 (설거지와 청소는 하기 싫은데) 요리하는 게 재밌다는 대답을 내어놓는다. 얼핏 열정적으로 보이더라도 대부분 얄팍한 관심이 대부분이었으며, 힘든 부분들을 견뎌내지 못하기 십상이었다.

그렇다고 남아 있는 학생들이 모두 열정적인 것은 아니었다. 이제 막 고등학교를 졸업한 어린 친구들이 90퍼센트 이상이었고, 주방 경험이라 해봤자 동네 식당 알바 정도가 대부분이었던 이들은 아직 요리에 대해 다양한 경험이나 관심이 절대적으로 부족했다. 내가 요리학교에 대해 가장 기대한 부분이 무너진 것이다. 항상 수업을 들으면 교수나 수업 내용 자체보다는 오히려 뛰어난 반 친구들을 통해 더 많은 것을 배우고 느끼는 경우가 많았기에, 나보다 더 요리도 잘하고 식재료에 관심이 많고, 음식에 대한 담론까지 나눌 수 있는 사람들이 우글거리는 판타스틱한 교육의 장을 기대했건만 웬걸.

"난 새우초밥만 먹어봤어. 날생선은 못 먹어봤고."

"고수가 뭐야?"

"난 해산물은 전부 싫어."

"웩, 두부 맛대가리 없어. 도대체 그런 걸 왜 먹는 거야?"

"프렌치 런드리? 토마스 켈러? 그게 누군데?"

"마요네즈를 직접 만든다고? 그냥 사는 거 아니야?"

가슴을 칠 만한 이런 얘기를 하는 학생들은 나의 열정을 전혀 공감해주지 못했다. 오히려 나를 신기해할 뿐이었다. 대파를 썰다가 연두색과 흰색의 부드러운 그러데이션에 반해 정말 예쁘지 않느냐고 보여주거나, 당근과 잘 어울릴 만한 새로운 허브를 근처 시장까지 가서 열심히 찾아보는 나를 쳐다보는 그들의 눈빛은 마치 외계인을 처음 본 듯한 시선이었다. 얼른 끝내고 집에 가고 싶어 하는 그들 덕분에 수업이 끝날 무렵 질문이라도 하려면 눈치가 보일 정도였다. 그런 그들과 청소 진짜 힘들긴 한데 하다 보면 요리사로서의 마음가짐이 다져지는 것 같아, 따위의 손발이 오그라드는 감상을 나누는 것은 차마 엄두도 내지 못했다.

요리학교까지 와서도 내 열정을 공감해줄 친구를 찾지 못해 여전히 블로그에 생각들을 분출하며 마음을 달래던 날들이 이어졌다. 커피 및 술에 관한 음료 수업이 있는 첫날. 유난히 처음 보는 얼굴들이 많이 보이는 교실에 들어가 수업이 시작하기를 기다리고 있었다. 교수가 막 출석을 부르려는 차, 한 여학생이 머리를 올려 묶으며 헐레벌떡 교실로 들어왔다. 어딘가 선머슴 같은 느낌의 까만 머리와 까만 눈의 그녀는 늦어서 미안하다고 사과한 뒤 짐을 여기저기 우당탕탕 부딪히며 겨우 자리를 잡았다.

'풋, 저 학생은 누구야?'

커피에 대한 이론 수업이 거의 끝나갈 때쯤, 갑자기 그녀가 손을 번쩍 들었다. 모든 시선이 그녀에게 집중되었다.

"카푸치노와 라떼의 명확한 사전적 차이는 없다고 알고 있는데, 교수님의 의견이 궁금합니다."

교수님은 순간 침묵하더니 교과서보다 더 잘 설명을 해놓은 칼럼이 있다며 추가 자료를 이메일로 보내주겠다고 했다.

'어라?'

학교에 온 이후 처음으로 들은 깊이 있는 질문에 적잖이 놀란 나는 수업 내내 그녀를 주시했다. 매사에 적극적이고 열심히 질문하는 그녀는 청소도 누구보다 먼저, 더 많이 했다. 내가 나누고 싶던 대화를 공감해줄 수 있는 친구가 드디어 나타난 걸까. 수업을 며칠 더 같이 들으면서, 우리는 자연스럽게 대화의 물꼬를 트게 되었다. 커피라면 던킨, 스타벅스 외에는 잘 모르는 다른 학생들을 두고 우리는 커피의 로스팅, 우유 거품, 원두 종자 등에 대해서 대화를 나누며 교실에 남아 드립커피를 내려 먹어보기도 하고 커피가 맛있는 카페와 로스터리를 함께 찾아가 보기도 했다.

알고 보니 한국에서 태어나 미국으로 입양된 한나라는 이름의 그녀는 나와 마찬가지로 요리로 전업하기 위해 존슨앤웨일즈로 온 경우였다. 내가 그간 답답했던 얘기를 꺼내자 한나는 기다렸다는 듯이 맞장구를 치며 격하게 공감을 해주었다. 수강신청을 할 때마다 꼭 스케줄을 맞추어 같은 수업을 듣기 시작한 우리는 그간 열정을 이해받지 못한 한풀이라도 하듯 두 배로 더 열심히 일했다.

보통 요리수업에서는 서너 명이 한 조를 이루어 그날 해야 할 실습 메뉴 중 두세 가지를 맡아서 조리하게 되는데, 우리는 꼭 자투리 재료들을 잘 뒤져서 한두 가지의 메뉴를 더 만들고 끊임없이 인터넷을 검색해 가며 어떻게 하면 주어진 레시피보다 더 맛있게 할 수 있을까 고민했다. 나머지 학생들은 이 피곤한 한국인 둘과 같은 조에 편성되는 걸 꺼릴 수밖에 없었다.

다음 수업은 가드망제(Garde Manger), 즉 쉽게 말해 샌드위치, 카나페, 훈제연어, 소시지 등 보통 전채 요리로 나가는 음식들의 제조 및 조리법에 대해 공부하는 시간이었다. 굉장히 다양한 분야에 대해 배우는

Top with microgreens
Zucchini Tower
Egg hat (A la minute)
Beurre Blanc
Cabernet Sauv. Reduction?
Chicken Cordon Bleu
Lyonnaise Potato

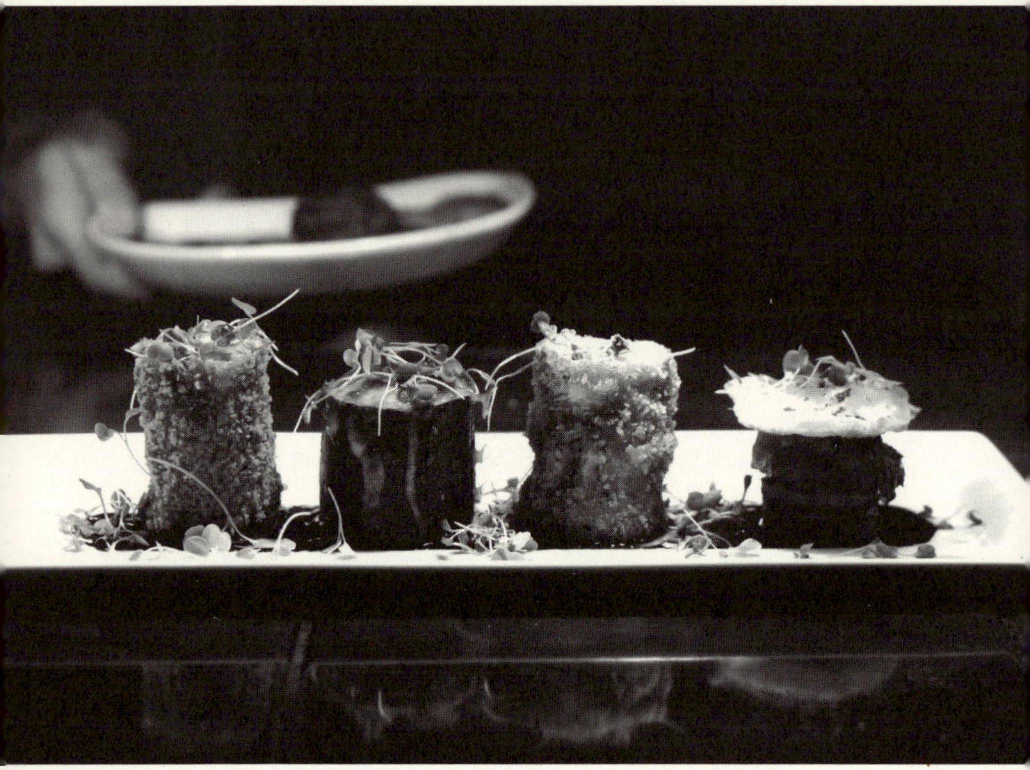

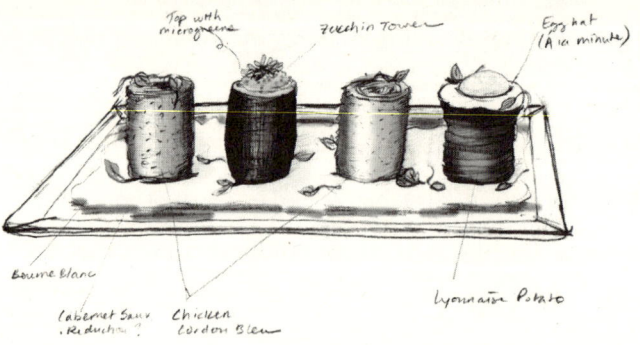

이 과정에서 주어진 기말고사 과제는 뷔페 플래터 만들기였다. 한 가지 주재료를 택해 널찍한 은색 트레이에 진열할 네 가지 종류의 전채요리 개발 및 디자인 제안서를 작성하고, 주어진 실기시간 안에 모든 요리를 만들어 완성작을 제출하면 되는 것이었다. 기말고사 안내가 나가는 날, 셰프 맥큐(Chef McCue)가 시연하는 재료는 연어였다. 번개 같은 속도로 포를 뜬 그는 머리와 뼈대만 남은 연어를 손에 들어보였다.

"자, 이렇게 포를 떠서 사용하면 된다. 근데 동양인들은 꼭 생선머리를 먹더라고. 참 별나요."

그는 유일한 동양인 둘을 쳐다보며 씩 웃고는 연어대가리를 그대로 쓰레기통에 던져넣었다. 아깝다는 표정으로 경악하는 우리를 보고 다시 한 번 웃어젖히는 셰프. 한나와 나는 동시에 서로를 쳐다보았다. 말하지 않아도 알 수 있었다. 기말고사 때 연어머리로 기똥찬 메뉴를 만들어 코를 납작하게 해주자.

남은 사흘 동안, 우리는 새벽녘까지 잠을 이루지 못하며 레시피 수십 개를 뒤지고 또 뒤졌다. 물론 네 가지가 아닌 여섯 가지의 메뉴가 목표였다. 나는 포토샵과 일러스트레이터로 완벽하게 디자인된 플래터의 밑그림을 완성했고, 한나는 기막힌 연어 버전의 헤드치즈(머리 고기로 만드는 콜드컷) 레시피를 완성했다. 시험 전날 밤, 멋진 작품을 보여주겠다는 각오에 설레 쉽사리 잠을 이루지 못했다.

실기시험이 시작되자마자 우리는 짜인 계획대로 분주히 움직였다.

다른 팀은 네 명씩 조를 짜서 하는데 우리는 달랑 둘. 하지만 꼭 성공해야만 했다. 마법처럼 모든 것이 완벽하게 시간 내에 끝났고, 드디어 발표 시간이 다가왔다. 앞선 두 팀의 작품에 혹평을 날리고 셰프는 우리 쪽으로 걸어왔다. 플래터 앞에 선 그의 얼굴에는 이미 옅은 미소가 번져 있었다.

"저희 조는 연어의 모든 부위를 사용해서 총 여섯 가지의 메뉴를 완성했습니다. 우선 연어 타르타르를 만들어 올린 군함말이, 간장소스를 발라 부드럽게 조리한 연어필렛, 관자를 섞어 만든 무스를 얹은 카나페, 감자와 딜을 넣고 익혀낸 연어 파테, 그리고 훈제연어 샐러드를 만들었습니다."

잠시 뜸을 들이고는 마지막 메뉴 소개를 했다.

"그리고 연어머리도 버리지 않고 헤드치즈를 만들었습니다."

음식 설명이 끝나자마자 셰프는 교실이 떠나가라 한참을 껄껄 웃어 댔다.

모든 발표가 끝나고 우리가 식사를 하는 동안 그는 열심히 채점을 매겼다. 밥을 먹으면서도 내 신경은 온통 컴퓨터 쪽으로 향해 있었다. 과연 셰프가 어떤 점수를 줄까. 워낙 너그럽지 않은 채점으로 유명한 그였기에 더욱더 궁금했다. 하나씩 불려나간 조들이 다들 볼멘 얼굴로 자리에 돌아오기 시작했다.

'으, 괜찮을까.'

셰프가 우리 둘을 컴퓨터 앞으로 불렀다.

"항복이다 항복. 아가씨들이 이겼어요!"

점수를 확인한 우리는 함성을 내지르며 하이파이브를 주고받았다. 15점 만점에 15점. 오기로 시작해 3일 연속 밤을 새워가며 준비한 보람에 가슴이 벅차올랐다.

'그래, 연어머리는 버리는 게 아니라고.'

마지막 날이라 평소보다 더욱 강도 높은 청소를 해야 했지만, 그날따라 냄비의 그을음을 벗겨내고 걸레질하는 것이 흥이 나 콧노래가 절로 나왔다. 그런 나를 보던 한나도 씩 웃더니 더욱 신나게 설거지를 하기 시작했다. 집에 돌아가는 길, 그토록 욱신거리던 오른쪽 팔목이 어느덧 멀쩡해져 있었다.

아름다운 샌프란시스코의
혹독한 주방들

대부분의 학생들이 인턴 자리를 알아보러 뉴욕, 보스턴 등을 선택하는 것과는 달리, 나는 좀 더 새로운 경험을 위해 샌프란시스코를 선택했다. 워낙 좋아하는 도시인데다가 이왕이면 서울과 비슷한 기후를 가진 동부의 무더운 여름을 피하고 싶은 마음도 있었다. 사실 제일 큰 이유는 다양한 셰프들이 그곳의 자유로운 분위기 속에서 종횡무진하며 창의적이고 맛있는 음식으로 이목을 끌고 있었기 때문이었다.

샌프란시스코. 예전에 유학생일 때도, 구글을 다닐 때에도 꽤 자주 방문했던 이 여유로운 도시는 참으로 아름다웠다. 바닷가를 옆에 두고 펼쳐진 부둣가. 푸르른 하늘과 반짝거리는 잔디밭의 도심 속 공원들. 매주 신선하고 다양한 농산물과 온갖 먹을거리가 한자리에 모이는 재래시장. 선선한 바람을 즐기며 유유히 걸어다니는 온화한 표정의 사람들. 트렌디한 레스토랑에서 여유 있게 와인 한 잔을 곁들여 식사를 즐기고 있는 손님들.

그러나 그 여유로움의 이면에는 완전히 다른 세계가 존재하고 있었다. 웃고 떠들며 즐거운 식사를 하고 있는 손님들을 지나쳐 주방 안쪽으로 들어가면 180도 분위기가 돌변했다. 긴장한 표정으로 땀을 흘리며 끊임없이 팬을 돌려대고 칼질을 하는 요리사들. 계속 밀려들어오는 접시에 정신없이 설거지를 하고 있는 디시워셔. 미간에 주름을 잡은 채 욕을 날리고 있는 주방장. 인턴 자리를 위해 하루씩 일을 해본 세 군데의 레스토랑들은 하나같이 살벌했다. 그중에서도 SPQR은 가히 독보적이었다.

현대적인 이탈리안 요리로 사람들의 입맛을 끌어모으기 시작한 SPQR은 미슐랭 스타(Michelin Star)까지 받고 난 후 끊임없이 손님들이 몰려들었다. 주말 저녁에는 세 번씩이나 회전을 시키고, 10시 30분이 마감임에도 불구하고 한 시간을 넘게 기다리다 10시 29분에 겨우 착석한 손님들을 돌려보낼 수 없어 11시 넘어서까지 계속해서 주문을 받았다. 오픈 주방 형식인 그곳은 손님들이 식사를 하며 일하는 요리사들의 모습을 지켜볼 수 있는 즐거움까지 제공하고 있었다.

일자리를 위한 실전면접 개념인 스타쥬(Stage. 넓은 의미에서는 경험을 위해 무급으로 짧게는 하루, 길게는 몇 개월 레스토랑에서 일하는 것을 말한다)를 하는 내내, 나는 처음 경험하는 신세계 급의 빡빡한 주방에 얼어 있었다. 레스토랑의 셰프인 매튜는 오후 다섯 시 반이 되자 나에게 메뉴 한 장을 건네주며 서비스가 어떻게 이루어지는지 한 번 보라고 했다. 가뜩이나 좁은 주방 공간에 점점 바빠지는 요리사들에게 거치적거릴까 봐 나는 벽에 등을 밀착시켰다.

그 후 다섯 시간 내내, 내 눈 바로 앞에서 팬과 접시들이 날아다녔다. 레스토랑에서 제일 인기 있는, 그만큼 제일 힘든 파스타 스테이션을 맡은 데니스라는 요리사는 키가 160도 안 되어 보이는 동양 여자애였다. 그렇지만 그녀는 마치 신들린 듯 팬 예닐곱 개를 동시에 돌려가며 단 한 번의 실수도 하지 않고 끊임없이 파스타를 뽑아냈다. 주문이 몰릴 때면 동시에 올라가는 팬이 열 개가 되기도 했다. 그 와중에 이번에 나온 신규 메뉴라며 미트볼 맛까지 보여주는 여유까지 부리는 그녀가 외계인처럼 보였다.

'그래, 여기서 일하면 많이 배우겠다.'

자진해서 제일 힘들어 보이는 SPQR을 여름 인턴십의 목적지로 선택했다. 그리고 첫 출근날인 6월 4일부터 혹독함은 시작되었다.

내 신분은 막내 중에 막내인 무급 인턴. 오전에 출근을 해 미리 재료 준비를 하는 덱스터라는 친구가 내 교육을 맡았다. 그는 먼저 각 재료의 위치와 정리하는 방법을 알려주기 시작했다. 1층 오픈 주방 세 평, 2층 프렙 주방 두 평, 한 평짜리 워크인 냉장고와 냉동고 한 칸. 일하다가 서로 엉덩이가 맞닿을 만큼 좁아터진 SPQR의 주방은 조금이라도 늘어놓기 시작하면 감당이 되질 않았다. 특히 몇백 인분 음식에 해당하는 재료를 보관하려면 정말 끊임없이 냉장고를 정리해야 했다.

하루에 들어오는 식재료들도 어마어마했다. 덱스터는 당장 들어온 채소 몇 가지를 손질해 워크인에 넣어달라고 했다.

'우선 양파. 양파가 어디 있지?'

저 안쪽 구석에 처박혀 있는 큰 양파 통을 꺼내려면 그 앞으로 놓여 있는 다른 통들을 일단 줄줄이 치워야 했다. 그전에 잠깐, 카트를 먼저 빼야겠다. 근데 카트를 밀고 나가려니 밖에는 얼음물에 식히고 있는 육수가 담긴 큰 냄비가 자리를 차지하고 있다. 오오, 이를 어쩌면 좋지. 한참을 우왕좌왕하고 있는데 덱스터가 2층으로 올라오더니 아직 정리 못 했느냐고 묻는다.

'젠장, 양파 통은 아직 꺼내지도 못했는데.'

시간이 지나고 요령이 생기면서 워크인에 자리를 확보하는 것이 조금은 수월해졌지만, 계속해서 만들어지는 음식과 배달되는 재료로 인해 조금이라도 방심하면 워크인은 폭발하기 일보 직전이 되었다. 공간 확보를 위해 반 이상 사용한 재료는 반드시 작은 통으로 옮겨 담고, 마치 테트리스를 하듯 선반 빈 곳 하나 없이 백 퍼센트 공간 활용을 해야 했다. 넓게 쓰던 학교 냉장고가 참으로 그리웠다. 그렇다고 할 일은 넘쳐나는데, 온종일 워크인 정리만 하고 있을 수도 없는 노릇이었다. 특히 덱스터는 내가 오기 전 제일 막내여서 그런지, 다른 요리사들을 위해 아침부터 육수를 끓이는 등 미리 준비해야 할 것들이 엄청나게 많아 보였다.

게다가 그는 허둥대는 성격에 건망증이 심한 편이라 자주 혼이 났다.

출근한 지 일주일쯤 된 날, 출근하니 그는 여전히 허둥대며 닥치는 대로 일을 하고 있었다. 내가 잘 알면 도와주기라도 하겠지만 그런 것도 아닌지라 우선 내가 해야 할 일 두세 가지를 건네받고 먼저 시작했다. 그 와중에 덱스터는 계속해서 아래층과 위층을 오가며 끊임없이 워크인을 들락날락했다. 당근과 샐러리를 한참 썰다가 시계를 보니 두 시가 다 되었다.

'조금 있으면 셰프가 올 텐데.'

불안한 마음에 워크인을 열어보았더니 아니나 다를까, 오전만 해도 널찍하던 안이 닥치는 대로 우겨넣은 재료들로 엉망이 되어 있었다. 밑으로 내려가서 내가 정리한다고 얘기를 할까 고민을 하는데, 갑자기 셰프 매튜가 뛰쳐 올라왔다.

"안녕, 주원."

인사를 건네며 워크인을 휙 열어본 셰프는 덱스터의 이름을 불렀다. 겁에 질린 얼굴로 올라온 그를 셰프는 냉장고 안으로 잡아끌었다.

문이 닫히고 나는 아무 일도 없었다는 듯이 다시 칼질을 시작했다. 그런데 갑자기 두꺼운 냉장고 벽을 뚫고 셰프의 격양된 목소리가 윙윙거리며 들려왔다. 언성을 높여 야단치는 타입이 아닌데, 그는 매우 화가 난 듯했다. 내가 다 가슴이 떨려 칼질을 잠시 멈추었다. 한참 혼을 내더니 워크인에서 나온 셰프는 나를 흘긋 쳐다보았다. 얼마나 더 해야 하느냐고 묻는 그에게 눈치를 보며 30분쯤이라고 대답했다.

"오케이. 그러면 10분 만에 끝내고 이 레시피에 있는 재료 좀 계량해서 아래로 가져다주세요."

'헉.'

더 떨리는 가슴으로 칼을 잡았다. 마구 써는 것도 아니고, 반듯한 5밀리미터의 정사각형으로 썰어야 하는데. 셰프가 말한 십 분은 옛날에 지나가 버리고, 20분이 다 되어가자 도저히 불안해서 더 이상 칼질을 할 수가 없었다. 그가 건네준 소스 레시피를 보니 계량할 재료가 각양각색에 가짓수도 열 가지가 넘는다. 으아, 젠장! 틀렸다가 모가지가 날아갈까 봐 꼼꼼하게 계량을 하다 보니 속도가 느려졌다. 게다가 아직 모든 재료가 어디에 있는지도 모르겠다.

가까스로 모든 재료를 계량해 우당탕탕 아래층으로 내려갔다. 생선을 다듬고 있던 셰프는 나를 잠시 쳐다보더니 너무 늦어서 지금 그걸 만들 시간이 없다고, 일단 워크인에 넣어두라고 했다. 민망한 표정으로 다시 2층으로 올라가는 내 뒤로 그의 목소리가 들려왔다.

"노른자 100그램만 계량해서 갖다 줘요!"

'이건 무슨 시험인가?'

제일 막내인 나는 셔틀로 전락했다.

점점 탄탄해지는 허벅지를 두드리며 노른자를 계량해 아래층에 다시 한 번 다녀와 아까 못 끝낸 칼질을 마저 하던 중 셰프가 또 한 번 뛰쳐 올라왔다. 무언가 가득 든 팬을 들고서는.

"덱스터."

내 옆에서 한창 허브 통을 정리하던 그의 얼굴이 순간 경직되는 것이 느껴졌다. 셰프는 네가 오전에 해놓은 생선 간이 너무 세게 되어서 못 팔게 되었다며, 넌 20만 원이 넘는 데미지를 낸 거라고 조용히 얘기했다.

"그렇지만 동물을 죽여놓고, 그걸 조져놓은 데다가, 유에서 무를 창조하는 건 더 심각한 일이지."

그는 조용히 덱스터를 노려보고는 다시 내려갔다. 이번에도 나까지 긴장.

나도 서비스 직전에 다 만들어놓은 소스를 엎는 등 이런저런 사고를 간간히 치기는 했지만, 오히려 내가 더 지적받고 스트레스 받아 하는 건 일의 속도였다. 나름 빨라졌다고 생각한 내 손은 SPQR 기준으로는 굼벵이였다. 그 어떤 곳에서 했던 요리 준비보다 더 섬세하고 손이 많이 가는 이곳의 프로젝트들은 좀처럼 속도를 붙이기 어려웠다.

감자 5밀리미터 다이스, 양파 1밀리미터 채썰기, 껍질 벗긴 피망 2밀리미터 다이스, 샐러리 1.5센티미터 길이의 다이아몬드로 재단하기 등 하나같이 눈이 빠지고 머리에 쥐가 나는 일들이었다. 여름이라 한창 옥수수가 많이 나오는 기간, 파스타와 수프, 샐러드 등 다양한 곳에 들어가는 옥수수는 매일 10킬로그램씩 배달이 왔다. 보통 옥수수 알을 분리할 때 옥수수대를 슬렁슬렁 돌려가며 칼로 넓게 베어내는 방법을 많이 쓰는데, 여기서는 배럴 컷(Barrel Cut)이라는 기술을 사용하고 있었다. 옥수수알 줄마다 칼날을 넣어 정확한 지점에서 한 줄 한 줄 썰어내는 방법인데, 일반적인 방법보다 시간은 더 걸리지만 알 모양 하나하나가 살아 있고 옥수수대에 붙어 버려지는 양도 훨씬 적은 훌륭한 테크닉. 그러나 옥수수 50대쯤 까다 보면 손에 쥐가 나면서 눈앞이 흐려지기 시작한다.

인내심의 난이도가 더 높은 프로젝트들은 얼마든지 있었다. 많은 이들이 당연히 사서 쓴다고 생각하는 빵가루. SPQR에서는 식전 빵으로 미리 썰어놓았다 나가지 않은 바게트를 전부 말린 후 갈아서 빵가루로 만들어 사용했다. 이때 그냥 갈면 입자가 고르지 못하니 체에 쳐서 굵은 것들은 골라내서 다시 갈아야 했다. 모아놓았다가 일주일에 한 번씩 가는 빵의 양은 엄청났다. 한 번 시작하면 두 시간은 걸리는 프로젝트. 내가 온 뒤로 이 귀찮은 일은 나에게 던져졌고, 여느 때와 마찬가지로 최선을 다해 움직이고 있던 와중 아침부터 셰프에게 두 번이나 혼이 난 덱스터가 2층으로 올라오더니 언제 끝나느냐고 재차 물어댔다. 아, 스트레스 쌓인다. 최선을 다하고 있는데 말이다. 마치 달리기에서 죽을힘을 다해 뛰고 있는데 계속해서 꼴찌로 처진다고 욕먹는 기분이었다.

무엇보다 나를 괴롭히는 프렙의 끝판왕은 줄기콩 다지기였다. 마침 출근 전날, 이런저런 음식 사진들을 구경하다 프렌치 런드리가 음식에 올린 2밀리미터 정육면체로 재단한 완두콩을 보고 말도 안 된다며 웃어댔는데. 출근하자마자 나에게 주어진 첫 임무는 줄기콩을 4밀리미터 네

모로 재단하기였다. 그것도 사과박스만 한 통 하나 가득 들어 있는 퍼런 줄기콩 전부 말이다. 울퉁불퉁한 줄기콩의 생김새 덕분에 빠른 칼질을 하는 것이 어려웠고, 한 시간을 씩씩대며 씨름을 했는데 아직 반의반도 채 끝내지 못했다. 계속해서 칼질을 하고 있는데, 서비스 시간이 가까워지며 패닉 상태에 돌입하기 시작한 요리사들이 이것저것 다급히 요청을 한다.

정신을 차리고 시계를 보니 내 일은 아직 다 못 끝냈는데 벌써 퇴근 시간이 다가오고 있었다. 다리는 아프고 손목은 욱신거리고. 얼른 집에 가서 침대 위에 뻗어버리고 싶었지만, 입술을 깨물고 다시 도마를 꺼냈다. 지긋지긋한 줄기콩을 다시 썰기 시작했다. 한 시간이 지났을까, 머리가 아파오고 눈앞은 흐려져 갔다. 정신을 차리려 찬물로 급히 세수를 했다. 자리로 돌아왔는데 셰프 매튜가 2층으로 올라와서 무언가를 찾고 있었다.

"왜 아직 안 가고 남아 있나?"

내일 아침에 필요한 콩을 아직 다 못 썰었다고 하니 그는 직접 줄기콩이 든 통을 집어들고는 아래로 내려가자며 손짓을 했다. 영문도 모르고 우선 칼을 들고 따라 내려갔다. 아래층은 여느 때처럼 마찬가지로 만석에다가 와인잔 부딪히는 소리와 손님들의 목소리로 시끌시끌했다. 셰프는 도마 두 개를 꺼내더니 레이스를 하자며 콩 반을 덜어주었다. 셰프 바로 옆에서 일을 하는 것은 처음이라 긴장한 상태로 조용히 칼질만 하고 있는데, 셰프 매튜는 오히려 이런저런 얘기를 꺼내며 나에게 계속해서 말을 붙였다. 덩달아 나도 긴장이 조금 풀려 간간히 대화를 나누며 칼질을 하다 보니 어느새 콩은 바닥을 보이고 있었다.

드디어 끝난 콩. 신 나서 정리하려 하는데 셰프가 어깨를 툭툭 두드리더니 본인이 치울테니 얼른 집에 가라는 것이다. 내일은 아침부터 할 일이 훨씬 더 많을 테니 푹 자고 오라며 그는 씩 웃어보였다.

집으로 가는 길, 인턴십을 시작한 이후로 처음으로 하늘을 올려다보았다. 휘황한 보름달이 왁자지껄한 샌프란시스코의 금요일 밤 거리를 고요하게 비치고 있었다.

묵묵히 최선을 다하면
복이 올 것이니

인턴십을 한 지도 벌써 한 달여가 지났고, 계속해서 새로운 일들을 배워갔다. 이제는 매번 셰프나 다른 요리사들의 감독 없이도 스스로 처리할 수 있는 것들이 많아졌고, (망할) 줄기콩을 포함해 내가 전적으로 담당하는 프로젝트들도 꽤 여러 가지가 생겼다.

그렇지만 내가 정말로 배우고 싶었던 건 아래층 일이었다. 서비스 시간에 주문이 들어오면 미리 준비한 재료들을 가지고 음식을 완성해 내는 일을 보통 '라인에 선다'라고 표현하는데, SPQR의 라인은 크게 세 구역으로 나눠져 있었다. 제일 난이도가 높은 파스타 라인이 있고, 그 다음이 메인 요리, 마지막이 대부분 신입 요리사의 입문 구역으로 여겨지는 가드망제(Garde Manger)였다. 하지만 요리학교 1년 다닌 일천한 경험의 주방 막내가 레스토랑의 라인에 바로 선다는 것은 원체 상상도 못할 일이었다. 특히나 SPQR처럼 섬세한 조리와 빠른 플레이팅을 요구하는 곳의 라인은 한 마디로 전쟁터였다.

레스토랑이 제일 바쁜 토요일 저녁. 위에서 이런저런 일을 하던 중이었는데, 파스타 담당인 켄달이 갑자기 벌개진 얼굴로 올라왔다. 평소 매우 낙천적인 성격으로 농담도 곧잘 하는 그가 그렇게 심각한 표정을 짓고 있는 것은 처음이었다.

"젠장, 계속 망치네, 오늘"

초반부터 전쟁같이 몰아치는 파스타 주문에 계속 실수를 한 그를 셰프가 정신 차리고 오라고 위로 잠시 올려보낸 것이다. 아까부터 컨디션이 그리 좋아 보이지 않던 켄달은 구석에 쭈그려 앉아 인상을 쓰고 있었다. 좀 안쓰러워 물을 한 잔 챙겨주고 두런두런 이야기를 나누며 다시 칼질을 하는데, 수셰프 저스틴이 올라왔다. 그는 켄달을 다독거리며 화이팅을 외치고는 다시 일으켜 세워 밑으로 데려갔다.

그러던 중 서비스 시작이 임박한 어느 날, 여전히 위에서 일하고 있는데, 셰프 매튜가 올라오더니 얼른 마무리하고 내려와서 가드망제를 도와주라는 것이다. 드디어! 간절히 바라고 바라던 기회에 번개 같은 속도로 정리하고 달려갔다.

막상 라인에 서니 긴장이 되어 속이 다 울렁거렸다. 아직 뭐가 어디에 있고 플레이팅을 어떻게 해야 하는지 아는 것이 하나도 없는 턱에 여기저기 힐끔거리던 차, 첫 주문이 들어왔다.

"당근, 옥수수, 프리제."

세 가지 전채 주문이 들어왔다. 가드망제를 담당하는 조던은 그중 제일 간단한 프리제 샐러드를 알려주었다. 몇 분이 지나자 또 비슷한 주문이 들어왔고 나는 다시 한 번 같은 샐러드를 만들었다.

'오, 재밌네. 할 만하네.'

한 시간 경과 후.

"당근 추가. 도합 당근 셋."

"옥수수, 토마토 추가. 도합 당근 셋, 옥수수 둘, 토마토 셋."

"옥수수, 프리제 추가. 도합 당근 셋, 옥수수 셋, 토마토 셋, 프리제 하나."

"당근, 아티초크, 프리제 추가. 도합 당근 넷, 옥수수 셋, 토마토 셋, 아티초크 하나, 프리제 둘."

'오. 마이. 갓.'

주문내역이 인쇄되어 나오는 빌(Bill)도 없는, 아니, 엄밀히 말하면 프린터나 빌을 붙여놓을 공간도 없는 이 좁은 라인에서는 모든 것이 구두로 이루어졌다. 점점 쌓여가는 주문에 나는 당황하기 시작했지만, 우선 배운 것 중에 들어오는 주문이 있으면 사력을 다해 플레이팅을 했다.

"지금보다 빨라야 해."

지나가던 데니스가 마음에 콕 박히는 한 마디를 던지고 갔다.

'흑, 안다고.'

결국 계속해서 몰아치는 주문에 버거워하는 나를 셰프는 다시 위층으로 올려보냈다. 순간 안도가 되었지만 속상하고 창피했다. 아직 많이 모자라는구나.

　다시 라인으로 불러주길 기다리며 머릿속으로 연습을 한 지 며칠째, 새로운 인턴이 들어왔다. 그것도 아주 유명한 셰프의 딸이. 유일한 인턴으로 뭔가 자리를 잡아가고 있던 나로서는 새로운 팀원이 들어왔다는 반가움보다는 내 입지가 좁아질 듯한 위기감에 사로잡혔다. 시키는 일이면 무조건 신나게 열심히 하던 나는 조금이라도 더 중요한 일을 맡는 것에 대해 굉장히 민감해졌고, 내가 해본 적이 없는 프로젝트들이 그녀에게 넘어가는 걸 보면 마음이 파도처럼 요동쳤다. 나는 텃세, 질투 등 아주 부정적인 감정들 때문에 그녀에게 따뜻하게 대해주지 못했고, 내가 좀 더 잘 보이고 싶고 인정받고 싶은 욕심 때문에 일을 그녀와 잘 나누지 않았다.

　하루는 일을 다 마치고 둘 다 퇴근할 시간이었다. 나는 1층 라인에 붙어서 마감하고 정리하는 걸 끝까지 도우며 내가 그래도 좀 더 많이 라인 일을 배우고 있다는 자위를 했다. 안 그래도 심기가 불편한 하루, 덱스터가 나에게 몇 가지 '잡일'을 넘겨주고 퇴근했다. 온 지 3일째 된 다른 인턴에게는 셰프가 아래로 내려와 가드망제에서 일을 도우라고 했다는 메시지를 전달하며.

　'그래, 그냥 밑에서 구경만 할 거야. 설마 나도 한 번밖에 못해봤는데 쟤를 벌써 플레이팅하게 해주겠어?'

　그렇지만 불길한 예감이 항상 적중하듯이, 내가 내려갈 때마다 그녀는 뭔가 굉장히 재밌어 보이는 일을 하고 있었고, 나중에는 플레이팅에도 손을 대고 있었다. 2층으로 다시 올라오는데 일하면서 처음으로 서러움이 확 밀려왔다.

'그래 뭐, 아버지가 그리 유명한 셰프인데 경험도 나보다 많겠지.'

그렇게 급히 마음을 달래보았지만 왠지 차별을 당하는 듯한 억울함과 상처받은 자존심이 계속해서 치고 올라왔다.

계속해서 꾸역꾸역 마음을 달래가며 마지막 프로젝트를 마치니 8시였다. 급히 뭘 가지러 올라온 저스틴한테 일 다 끝내면 라인에 내려가서 구경해도 되느냐고 물으니 상황을 보고 알려준다며 또 급히 사라졌다. 이번에는 좀 더 친한 다른 요리사가 급히 올라왔다. 슬쩍 상황을 물어보니 지금 밑에 전쟁이라고, 그냥 마감하고 퇴근하는 게 좋을 것 같다며 역시 급히 사라졌다.

속상한 마음에 인사도 하는 둥 마는 둥 옷을 갈아입고 레스토랑을 나섰다. 갑자기 배가 고파 집에 가는 길, 근처 중국집에 들렀다. 미국의 중국집에는 항상 음식과 함께 나오는 포춘 쿠키. 과자를 깨면 속담 등이 적혀 있는 쪽지가 들어 있다. 아무 생각 없이 습관처럼 쿠키부터 열었다.

"힘들어도 최선을 다하면 복이 온다."

진부한 말이었지만, 마음이 조금 진정되었다. 생각지도 못한 큰 위안이었다.

다음 날도 서비스 시간에 2층에서 말없이 일을 하고 있는데, 저스틴이 씩씩대며 올라오더니 욕를 섞어가면서 무언가 중얼거리는 게 셰프랑 한 판 한 분위기다. 갑자기 혼자 냉장고 청소를 막 하기 시작하는 그. 평소 일도 제일 많은데 스트레스를 받은 수셰프를 보니 동정심이 들어 청소를 도와주며 평소에 닦고 싶었던 가스레인지와 서랍 구석구석을 박박 닦았다.

그러다 보니 내 모습이 갑작스럽게 반성이 되었다. 해야 할 일이 있으면 먼저 나서서 해야 하는데, 열등감에 사로잡혀 일을 가리다니. 누가 더 잘나고 못나서 라인에 내려갈 기회가 생기는 것도 아니고, 어차피 배워야 할 기본 작업들이 한두 가지가 아닌데, 이리 욕심이 생기고 마음이 급해지다니. 무엇보다 요리하면서 더 이상 남들과 비교하지 않고 나만의 길을 간다고 자랑스러워하던 내가 이렇게 흔들리고 불안해하다니.

좀 더 남아 청소하고 싶었던 것들을 마저 치우고, 아래층에서 필요한 것 몇 가지를 더 챙겨준 후 퇴근 준비를 했다. 식당을 나서며 셰프에게 인사를 하는데, 역시 그는 평소처럼 씩 미소를 지은 후 악수를 청한다.

굳은 악수를 나누고 집에 가는 길, 마음이 편했다. 버스를 타고 가면서 오늘 일에 대해 생각해보는데, 예전에 읽은 다니엘 블뤼(Daniel Boulud) 셰프의 책 한 구절이 문득 떠올랐다.

주방에 들어오기 전에 너의 액세서리와 자존심은 사물함에 넣어두어라.

결국엔
사람이다

세 달간의 인턴십도 어느새 반 이상이 지나갔지만, 여전히 레스토랑 일은 힘들고 어려웠다. 그러나 카페 아르바이트 시절, 함께 일하던 친구들과의 끈끈함이 가장 큰 원동력이었던 것처럼, 이곳 SPQR도 마찬가지였다.

파스타 스테이션에는 파스타를 담고 마지막으로 올려주는 치즈가루 몇 가지가 세팅되어 있었다. 물론 가루제품을 사오는 것이 아닌, 덩어리 치즈를 사와 직접 조각내고 다 갈아 준비해야 하는 것. 그런데 치즈를 갈 때마다 스트레스 받는 건, 바로 치즈를 꺼내는 일이었다. 온갖 치즈가 들어 있는 커다란 플라스틱 통의 무게는 10킬로그램이 족히 넘는데다가, 하필 워크인 제일 위 칸 구석에 자리하고 있었다. 이걸 한 번 꺼내고 올려놓으려면 상대적으로 작고 가냘픈(?) 나에게는 보통 고생스러운 일이 아니었는데, 하루는 서비스 직전에 치즈가루 한 종류가 똑 떨어졌다.

위층에 올라온 나를 본 파스타 담당 켄달이 어쩐 일이냐 묻길래 별 생각 없이 폰티나 치즈가루가 떨어졌다며 툴툴댔다. 치즈를 갈 강판과 믹싱 볼을 챙겨 자리로 돌아오니, 세상에, 내가 필요한 두 가지 치즈가 딱 필요한 만큼만 도마 위에 놓여져 있는 것이 아닌가. 다른 걸 가지러 워크인에 들렀던 켄달이 센스를 부린 것이었다.

게다가 그는 라인에 내려오더라도 파스타 구역에는 얼씬할 엄두도 못 하는 내게 이것저것 알려주려 애를 썼다. 조금이나마 주문 들어오는 기세가 느슨해지면, 그 틈을 타서 파스타 위에 올라가는 각종 가니쉬를 알려주기도 했고, 면 삶는 걸 부탁하며 파스타의 종류와 삶는 시간에 대해서도 얘기해주었다. 그러다 느지막이 주문이 밀려들기 시작했고, 파스타에 집중적으로 몰려드는 바람에 가드망제에서 일을 하던 나는 얼떨결에 파스타 플레이팅에 끼어들었다.

SPQR의 열 가지가 넘는 생면 파스타 메뉴는 꽤 자주 바뀌는 편이었다. 플레이팅을 도와주다 보니 처음 보는 사탕 모양의 만두같이 생긴 파스타가 있었다.

'오, 이건 처음 보는 거네.'

중얼거리며 계속 손을 놀리던 중, 정신없이 팬을 돌리던 켄달이 갑자기 작은 믹싱볼 하나를 건네더니 필요 없다며 디시워셔 쪽으로 빼놓아달라고 했다.

'뭐지, 이 뜬금없는 부탁은?'

어리둥절한 표정으로 받아들고 디시워셔 쪽으로 걸어가며 들여다보니, 그 안에는 아까 그 사탕 모양의 파스타 하나가 소스와 토핑까지 함께 담겨 있었다. 놀래서 뒤를 돌아보았더니 윙크를 날리는 켄달.

이렇게 작지만 커다란 제스처로 기쁨을 주는 건 켄달뿐만이 아니었다. 다른 많은 레스토랑들처럼 SPQR의 디시워셔 아저씨들도 멕시코 사람들이었다. 그들은 영어가 짧고, 내가 아는 스페인어는 열 단어 미만. 말은 거의 통하지 않았지만, 누구보다 레스토랑이 어떻게 돌아가는지 잘 아는 훌리오 아저씨는 눈치가 백 단이었다. 주문이 들어왔는데 하필 접시가 떨어지고, 드레싱을 병에 넣어야 하는데 깔대기가 안 보이고. 그럴 때마다 아저씨는 옆에서 귀신같이 필요한 걸 챙겨주었다. 내가 직접 부탁한 것도 아닌데 말이다. 심지어 라인 저 멀리서 셰프가 뭔가를 가져다 달라고 해 돌아서면, 이미 그걸 찾아 들고 서 있는 훌리오 아저씨에 놀란 적이 한두 번이 아니었다.

배려도 배려지만, 레스토랑에서 제일 궂은일을 하는 훌리오 아저씨와 토니 아저씨는 잃지 않는 유머감각으로 나를 즐겁게 해주었다. 한번은 라인에서 일을 하다 화장실이 너무 급해 다녀왔는데 으악, 내가 벗어놓고 간 앞치마의 끈에다 주렁주렁 포크며 숟가락을 꽁꽁 묶어놓은 거다. 바쁜 금요일 저녁, 모두가 스트레스 받으며 일하고 있던 차에 당황한 내 모습을 보고는 다들 폭소를 터트렸다. 당황했던 나도 같이 웃어버리고.

이런 레스토랑에서 일하는 것이 처음인 내게 SPQR 식구들의 자잘한 배려와 웃음은 큰 힘이 되었다. 내가 라인에 서는 날은 다들 파이팅을 외치며 하이파이브를 해주었고, 플레이팅이 조금이라도 잘 되면 "Good looking!"이라며 칭찬을 날려주었다.

그러나 누구보다 나에게 가능성을 열어주고 많은 가르침을 준 사람은 다름 아닌 셰프 매튜였다. 첫날부터 그는 무엇이든 대충 넘어가는 법이 없었다. 십 미터 밖에서도 매의 눈으로 뭘 잘하고 있는지, 뭘 잘못하고 있는지 한눈에 파악하는 그는 이미 다른 요리사나 수셰프가 가르쳐준 일이더라도 꼭 추가설명을 달았다. 덕분에 처음 며칠간은 셰프의 시선이 엄청나게 신경이 쓰였지만, 나중에는 그가 별 말이 없으면 오히려 아쉬웠다.

일한 지 한 달째, 이제 나한테 일을 맡기면 완전 엉터리로 망쳐놓지는 않는다는 걸 확인하고 나자 셰프는 일대일로 붙어 다양한 소스 만드는 법부터 토끼 잡는 것까지 가르쳐주기 시작했다.

그중 제일 재밌는 프로젝트는 돼지 뒷다리를 천천히 부드럽게 조리한 다음에 결대로 찢은 살을 틀에 넣어 굳히는 '테린'이었다. 처음 한 번은 삶는 것부터 간하는 것, 그리고 틀에 넣는 것까지 쫙 보여주고, 두 번째는 간하는 것까지만 보여주고 나머지 마무리는 내가 했다. 한참을 마무리하고 있는데, 셰프는 다음엔 간도 확인하지 않을 터이니 한 번 믿어보겠다며 윙크를 하고는 사라졌다. 그리고 세 번째 테린을 만드는 날. 불안한 마음에 물을 마셔가며 몇 번이나 간을 보고, 완성작을 한 조각 잘라 셰프에게 내밀었다.

긴장.

"넌 이제 뒷다리 테린의 여왕이다!"

셰프의 오버스러운 칭찬에 나는 믿지 못하겠다는 듯이 그를 쳐다보았다. 그렇지만 그는 내가 만든 테린을 가져가더니 서빙 사이즈에 맞춰 재단을 하기 시작했다.

약간 얼떨떨한 마음으로 자리에 돌아가 나머지 일을 하기 시작했다. 그날은 처음으로 라인에 서는 금요일이었다. 모두가 평소보다 긴장하는 주말이라 다들 신경이 곤두서 있는 찰나, 두려운 다섯 시 반이 다가왔는데 아직 가드망제 준비는 끝나지도 않아 있었다. 그러거나 말거나 손님들은 들어오기 시작했고, 주문이 발사되기 시작했다. 그날 같이 일하는 파트너는 이제 가드망제에서 일한 지 두 달 조금 넘은 조던. 평소에는 친절하던 그도, 가뜩이나 바쁜 날 인턴과 같이 가드망제를 도맡아야 한다는 중압감 때문인지 상당히 신경질적이었다. 안 그래도 긴장한 내가 몇 번 실수를 저지르자 그는 짜증을 내기 시작했다.

음식이 자꾸 늦게 나오자 앞에서 셰프를 돕고 있던 저스틴이 우리를 살피러 왔다. 5-0의 스코어에 기세가 확 꺾인 축구팀의 기세를 살리려는 감독처럼 그는 과도한 액션으로 파이팅을 외치고 돌아갔다. 그러나 그날따라 전채요리를 주문하는 손님들이 왜 그렇게 많은지. 스트레스

지수가 점점 올라가자 조던은 웬만한 건 그냥 자기가 하겠다며 퉁명스럽게 나를 한쪽으로 밀어놓았다. 내 실력이 부족한 탓이기에 할 말은 없었지만, 더 나아질 배움의 기회를 주지 않는 그가 원망스러웠다.

여전히 고전하고 있는 가드망제 팀. 섣불리 나섰다가 또 불협화음만 날까 봐 수동적으로 일을 하고 있는데 갑자기 셰프 매튜가 등장했다. 항상 바깥에서 조율과 검수만 하던 그가 라인으로 넘어온 건 처음이라 잔뜩 긴장하고 있는데, 셰프는 조던의 세트업을 보고는 한참 지적을 했다. 그러더니 메뉴를 들고는 나보고 할 줄 아는 메뉴가 뭐냐고 물어보았다. 대답을 들은 그는 가드망제에서 만들어내는 열두 가지의 메뉴를 반씩 나눈 후, 움직임을 최소화하는 방법에 대해 설명하며 재료들을 재배치하기 시작했다. 한쪽으로 조던을 보낸 후, 셰프는 오늘 우리는 한 팀이라며 내 등을 두드렸다. 그 후 내가 맡은 여섯 가지의 메뉴가 주문이 들어올 때마다 그는 최대한 신속하고 정확하게 플레이팅하는 것을 손수 보여주었다. 내가 어느 정도 익숙해지고 곧잘 주문을 쳐내자, 셰프는 다시한 번 등을 두드리더니 본래 자리로 돌아갔다. 갑자기 뒤에서 누가 나를 툭툭 쳤다. 돌아봤더니 토니 아저씨가 엄지손가락을 치켜세우더니 "이젠 네가 베스트"라며 씩 웃는다.

푸핫.

여태까지 라인에 내려갈 때마다, 한 번도 누가 전체 세트업이나 흐름에 대해서 설명을 해준 적이 없었다. 단순히 메뉴 몇 가지의 플레이팅을 본 후 따라하는 데 그쳤었다. 그러나 셰프가 라인에 함께 섰던 오늘은 훨씬 더 많은 것이 눈과 머리에 확 들어왔다. 바쁘디바쁜 날임에도 불구하고 아랫사람을 가르쳐주려는 그의 여유와 마음 씀씀이에 대한 감사함이 차올랐다. 평소에도 누군가에게 일을 가르쳐주는 건 내 일이 그만큼 늘어나는 것인데, 바쁠 때조차도 다른 이에게 믿음과 기회를 주고, 적절한 도움과 조언으로 이끌어줄 수 있는 마음가짐은 참 중요한 덕목이라는 생각이 들었다.

단지 석 달이라는 기간이 믿기지 않을 정도로 많은 것을 배우고 느낀 여름, 그중 제일 소중한 가르침은 바로 그 어떤 기술이나 지식보다 중요한 건 태도, 그중에서도 사람들 간의 관계라는 것이었다. 주방의 후배, 동료, 선배, 선생님, 멘토로서 다른 이들에게 나눠주고 도와줄 수 있는 포용력. 고등학교 시절 귀 따갑게 들었던 다른 이들을 도우라는 뜻의 모토인 'Servons(Let us serve)'가 그제야 가슴에 와 닿았다.

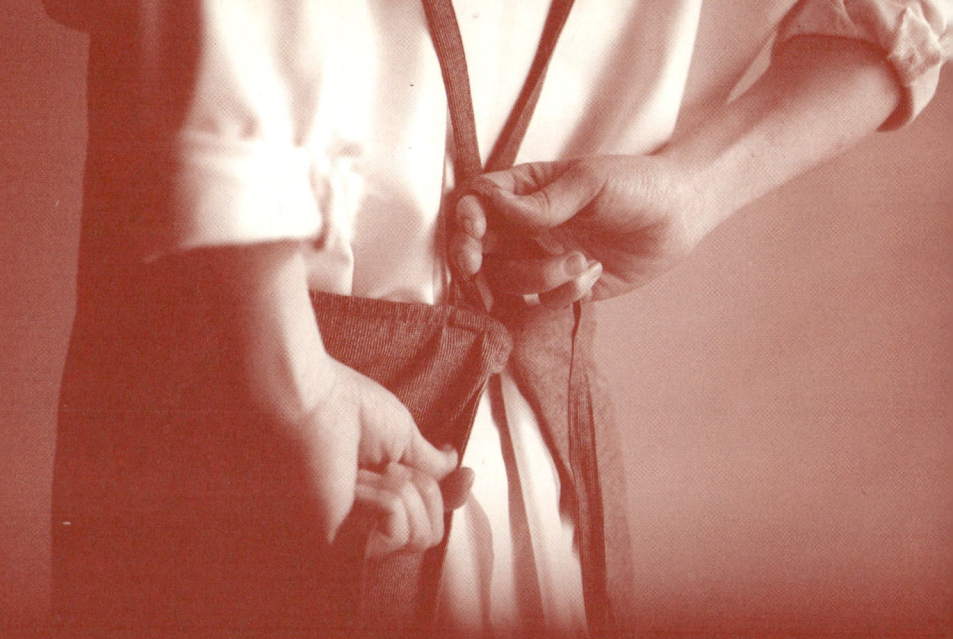

Chapter 5

현실에서 꿈이 들어갈 자리 찾기

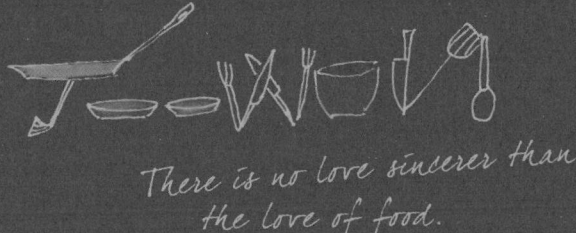

There is no love sincerer than
the love of food.

유일하게 열린 문,
정식당

인턴십이 끝나는 8월, 셰프는 내가 SPQR에 남길 바랐다. 나도 정이 들대로 들었고 고작 석 달 후에 떠나기에는 아쉬움이 컸지만, SPQR의 음식은 현대적인 이탈리안이었다.

나는 한식이 하고 싶었다.

한식을 공부하고 싶었다.

여러 나라를 여행하고 미국에서 십 년이라는 오랜 시간을 보내는 동안, 다양한 음식을 접하고 가끔 자기 전에 생각나는 추억의 음식들도 몇 가지 생겨났다. 하지만 그것들은 내 마음속 깊이 각인되어 있는 할머니의 북한식 순대, 엄마의 시원한 배추김치가 전해주는 마음의 위로와는 비교조차 할 수 없었다. 어렸을 때 먹고 자란 음식은 가족과 집, 추억이라는 뼛속 깊이 배어 있는 정서와 얽혀 있기 때문일까. 나의 생각과 감성을 풀어낼 수 있는 음식은 한식밖에 없다는 생각이 들었다. 이탈리안,

프렌치를 한다고 해봤자 겉모습만 흉내 낼 뿐 내 마음은 실어낼 자신이 없었다.

그렇게 아쉬운 마음을 뒤로하고 셰프 매튜에게 작별인사를 했다.

"굿럭, 셰프."

나를 셰프라 불러주며 굳은 악수를 건네는 그. 정든 레스토랑과 든든한 지원자를 떠나려니 마음 한구석이 아려왔다. 하지만 내가 원하는 공부를 하려면 한국으로 돌아가야 했다.

복잡한 마음으로 귀국한 후 지원해볼 레스토랑을 알아보니 내가 그리는 한식을 하고 있는 곳은 그리 많지 않았다. 10년째 같은 메뉴만 주구장창 내고 있는 한정식 집도 아니었고, 유명 맛집이지만 멜라민 식기를 내놓는 집은 더더욱 아니었다. 어떤 음식을 하는지도 중요했지만, 같이 요리에 미칠 수 있는, 똑똑하고 즐거운 동료들이 있는 주방에서 일하고 싶었다. 그렇지만 '이곳이다!'라는 생각이 드는 곳을 찾는 건 생각보다 쉽지 않았다.

으리으리한 종로의 건물에 위치한 한 한식 요리 전문점. 백여 석은 되어 보이는 자리에 으리으리한 중화풍 인테리어. 불편한 나무의자에 앉아 조금 기다리니 나이 지긋한 남자 주방장이 나왔다. 본인의 소개조차 하지 않고 그는 침묵 속에 내 이력서를 한참이나 읽어보았다. 익숙한 한국 조리고-한국 조리대의 학력도 아니고, 평균 주방 직원보다 대여섯 살은 나이가 많을 법한 나에게 그는 수상한 눈빛을 건넸다.

"잘 알겠습니다."

한 마디의 말도, 한 가지의 질문도 없었다. 황당한 표정의 나를 자리에 두고 간단한 목례를 건넨 그는 바쁜 걸음으로 사라졌다.

다른 곳은 나의 마음을 한껏 들뜨게 했던 제철 재료를 내세우는 모던 한식 레스토랑. 이곳이겠거니, 하고 점심 식사를 한 그곳은 내가 기대했던 느낌과는 너무 다른 한국 음식으로 나를 당황하게 했다.

다른 두 군데의 식당들도 실패였다. 일단 지원하고 보면 서로의 합을 맞춰보기 위해 하루 들어와서 일해보라고 하는 외국의 레스토랑들과는 달리, 당장 내 특이한 이력에 불편해하며 요리 얘기는 꺼내지도 않았기에 주방 구경을 부탁하는 건 꿈도 꾸지 못할 상황이었다. 카페 아르바이트 자리를 못 구할 때보다 더 암담했다.

'어떻게든 우선은 미국에 남아 있어야 했나?'

마지막으로 정식당에서의 면접. 예전에 정식당 안주와 정식당에서 각각 몇 번 식사를 한 적이 있었기에 이미 그곳의 음식에 대해서는 어느 정도 기대를 하고 있었다. 토마토와 바질이 어우러지는 비벼먹는 샐러드부터 바삭한 겉면의 보쌈이 올라간 밥 메뉴까지… 모두 만족스러웠다. 백 퍼센트 한식은 아니지만, 내가 생각하는 한국 음식의 많은 부분을 느낄 수 있는 음식들이었다.

조금은 떨리는 마음으로 작은 방에 들어가 앉아 있었다. 만약 이곳도 잘 안 되면 어떻게 해야 할지 머리가 아파오던 참에, 문이 드르륵 열리더니 나보다 어려보이는 여자 요리사가 들어왔다. 본인을 정식당의 헤드셰프라고 소개한 그녀는 몇 가지 질문을 이어갔고, 면접 본 레스토랑 중에 처음으로 스타쥬를 요청하며 이틀 정도 와서 일해볼 수 있느냐고 물었다.

'그래, 여기는 괜찮을지도 모르겠다.'

출근 첫날. 아침 일곱 시에 눈을 떴다. 정식당에 도착하니 이미 많은 이들이 주방에서 바쁘게 움직이고 있었다. 조리복으로 갈아입고 주방에 들어가니 임정식 셰프로 추측되는 한 사람이 카운터에 기대어 서 있었다. 헤드셰프는 그에게 이틀 동안 일할 분이라며 나를 소개했다.

"어, 반가워, 수고해."

그는 그 자리에서 그 자세 그대로 손만 번쩍 들고는 반말로 인사를 건넸다.

'재밌는 사람이군.'

많은 스타쥬들이 오가서인지, 쑥스러워서인지, 휴식시간에도 심드렁히 스마트폰을 보며 대부분의 사람들은 먼저 인사를 건네지 않았다. 할 줄 아는 일이 거의 없는 나는 설거지 기계 옆에서 계속해서 접시들만 닦아댔다. 갑자기 훌리오 아저씨가 생각났다. 오후가 되어 칼질을 조금 하고 워크인에도 들락날락할 일이 생겼다. 워낙 법적으로 갖춰놓아야 할 위생 시스템이 많은 미국 주방에다 완벽주의의 셰프 매튜와 비교하는 것이 애초에 무리일 수도 있었지만, 상대적으로 느슨한 위생 관념과 어지러운 워크인 내부에 내 마음은 심란해졌다.

　바닥 청소와 빨래까지 마친 후, 두 시간 가까이 걸려 집에 도착했다. 오늘 많이 힘들었느냐는 엄마의 말을 뒤로하고 방에 들어가 엉엉 울었다. 샌프란시스코에서 인턴 자리를 구할 때는 어딜 가야 할지가 고민이었는데, 한국에 들어오니 그 반대였다. 내가 괜히 오기를 부려 한국으로 일찍 돌아온 건 아닌지 후회가 되었다.

　약속은 약속이니, 두 번째 날도 일단은 출근을 했다. 정식당 사람들은 그래도 다시 보는 얼굴이라 그런지 그 전보다는 반가운 표정으로 인사를 나누고, 이런저런 질문을 던졌다. 그렇지만 미국과는 너무나 다른 주방 환경에 여전히 나는 마음이 불편했다.

　'내가 한국 주방에서 제대로 적응이나 할 수 있을까?'

　점심 서비스가 끝나고 주어진 한 시간여의 휴식시간. 대부분의 사람들은 낮잠을 청하거나 밖으로 나갔다. 이런 스케줄은 처음이라 무얼 해야 할지 몰랐다. 휴대전화를 좀 뒤적이다 아까 사무실에 꽂혀 있던 요리책들이 생각났다. 문을 열고 들어가니 누가 컴퓨터 앞에 앉아 있었다. 아직 한마디도 나눠보지 못한, 정식당의 빵과 디저트를 담당하는 페이스트리 셰프였다.

　"할 만해요?"

　"네, 뭐…."

　말끝을 흐렸다. 연륜이 좀 있어 보이는 그는 내 이력에 대해 이것저

것 물어보며 특이한 사람이라고 껄껄 웃었다.

"한국 주방 많이 열악하죠?"

내 마음을 읽은 듯 그는 가슴을 콕 찌르는 한 마디를 던졌다. 본인도 미국에서 몇 년 일하다 들어와서 적응하는 데 고생 좀 했다며. 더 잘할 수 있는 건 잘하고, 배울 건 배우면 된다며 힘을 내라 했다. 갑자기 굳어 있던 마음이 스르르 녹았다.

'그래, 그냥 다른 것뿐이야.'

잘 쉬시라는 인사를 건네고 사무실을 나왔다.

두 번째 날을 그렇게 보내고, 정식당의 헤드셰프는 나와 함께 일해보고 싶다는 말을 전했다.

'그래, 해보자.'

괜히
요리한다고 했나 봐

주 5.5일 근무에다 오전 아홉 시 출근에 밤 열 시 마감. 어느 정도 예상은 했지만, 체력이 자주 바닥을 치기 시작했다. SPQR에서의 믿기 힘든 강도의 일들을 해내며 석 달을 버틴 것을 무용담처럼 종종 얘기하고 다녔건만, 일을 마치고 집에 가면 피곤해서 정신을 차릴 수가 없었다. 쉬는 날이면 밥도 먹지 않고 열두 시간씩 잠을 잤다. 그렇게 자고 나면 그나마 체력은 회복이 되었는데, 계속해서 욱신거리는 손 마디마디는 계속해서 나를 괴롭혔다. 그렇지만 오기로 버텼다. 요리하는데 이 정도는 견뎌야 한다며 점점 더 심해지는 부기와 통증을 무시했다.

그러던 어느 날.

쨍그랑!

바쁜 서비스 중 밀려들어오는 그릇들에 한창 설거지를 하다가 갑자기 왼손에 쥐가 나면서 들고 있던 접시를 떨어뜨렸다.

"죄송합니다!"

대충 깨진 접시를 정리하고 뒤쪽에 쭈그려 앉아 왼손을 마구 주물렀다. 예전 한 유명한 셰프의 일화가 떠올랐다. 요리사 시절, 서비스 도중 미끄러지면서 옆구리를 모서리에 크게 찍혔는데 너무 아파 바닥에 누워버렸다는. 그런데 다가온 셰프는 그를 무심한 표정으로 쳐다보더니 "죽을 만큼은 아니지?"라고 물으며 휙 가버렸다는 얘기.

'그래, 겨우 손 좀 아픈 것 가지고.'

그렇지만 어느 정도 풀어주면 괜찮을 거라 생각한 왼손은 다음 날부터 무엇에 살짝 스치기만 해도 바늘에 찔린 듯 아파서 견딜 수가 없었다. 휴식시간에 짬을 내 놀라고 걱정되는 마음을 안고 정형외과로 달려갔다.

이 정도로 병원까지 오는 게 왠지 창피했지만, 여기저기 눌러보던 의사는 갑자기 고개를 들더니 근엄한 표정을 지었다. 근육에 피로가 쌓인 거라며, 젊다고 절대 과신하면 안 된다는 조언을 날리는 선생님. 종종 마사지를 해주고 열처리 치료를 자주 받으라는 잔소리에 고개만 끄덕거렸다.

사실 육체적 피로와 부상보다 더 힘들었던 건, 이전까지 내가 영유해왔던 삶과의 괴리감이었다. 이전에는 주말이면 쉬는 것이 당연했기 때문에, 각종 경조사며 모임에 빠짐없이 참여했었다. 그러나 따로 휴가도 없고 설이나 추석 당일 아니면 공휴일도 아무 의미 없는 지금은, 대부

분의 약속을 포기해야만 했다. 중요한 일이 있으면 미리 해당 날짜에 휴무를 신청할 수 있었지만, 그 어느 때보다 바쁜 주말에는 특별한 경우가 아니면 휴무를 신청하기가 쉽지 않았다. 처음에는 정식당에서 요리하는 친구를 두니 정말 자랑스럽고 멋있다며 좋아하던 친구들은, 내 얼굴을 점점 보기 힘들어지자 바쁜 척한다며 농담 반 진담 반의 투정을 부렸다.

매주 금요일 저녁, 일이 끝나고 집에 들어가는 밤 열 시가 넘은 시간. 압구정과 청담은 한창 불금을 즐기러 삼삼오오 모인 친구들과 연인들로 북적댔다. 애써 아무렇지 않은 척해본다. 나는 내 꿈을 찾아 열심히 살고 있으니까.

그래도 마음 한구석의 쓸쓸함을 내칠 수가 없었다. 집에 도착해 대충 씻고 잠자리에 들기 전, 스마트폰을 보다가 한창 즐거운 시간들을 보내고 있는 친구들의 사진에 외로움이 몰려왔다. 그런 사진들에 나도 놀고 싶다, 라는 댓글이라도 남기지 않으면 정말로 사회에서 떨어져 나가버릴 것만 같은 불안함이 들어 열심히 타이핑을 했다.

안양에서 살고 있던 부모님 댁에서 정식당까지 출퇴근을 하려면 두 시간 가까이 걸렸다. 출근 거리라도 줄여 체력과 시간을 비축해야겠다는 생각에 압구정 근처 원룸을 알아보았다. 젠장, 생각보다 돈이 너무 많이 들었다. 저축했던 예금은 학비와 생활비로 탈탈 털고 바닥을 찍은 상태. 당신 생활비 대기도 빠듯한 부모님에게 손을 벌릴 수도 없었다. 아무리 못해도 보증금이 오백만 원이라는데, 할 수 없이 상상하기도 싫었던 고시원을 알아보러 다니기 시작했다. 스물아홉 살이 되기 전까지는 말로만 들었던 고시원이란 단어. 설마 했던 그곳은 상상보다 훨씬, 훨씬 더 좁았다. 내가 누우면 겨우 딱 너비와 길이가 맞는, 침대라고 하기에도 뭐한 침상 하나, 한 뼘짜리 텔레비전과 바퀴도 잘 돌아가지 않는 컴퓨터 의자, 옷 스무 벌만 들어가면 꽉 찰만한 옷장, 그리고 나 혼자 드러눕기에도 모자란 바닥 공간.

'이런 곳에서 불이 나면 정말 꼼짝없이 타 죽겠구나.'

대학 시절 좁다고 투덜대던 낡은 기숙사 방이 갑자기 그리워졌다.

남아 있다는 방 두 군데를 구경하고 터벅터벅 걸어나왔다. 고시원 아주머니는 어떤 방이 더 좋으냐고 물어왔지만, 아직 나는 마음의 준비가 되지 않았다.

'정말 이곳에 들어와 살아야 하는 걸까.'

내일 연락드리겠다며 허름한 빌딩을 도망치듯 빠져나왔다. 집에 가는 길, 다 내려놓고 받아들여야 한다는 걸 깨달았다. 나에겐 선택권이 없었다. 마음에 있는 마지막 자존심 한 톨까지 버리고 고시원에 보증금과 한 달 월세를 냈다. 두 평도 안 될 것 같은 공간에 그나마 샤워기가 있는 것이 위로랄까.

누군가 어디서 사느냐고 물어보면 창피한 마음에 직장 근처 원룸이라 둘러댔고, 누군가 집까지 차로 데려다준다고 하면 당황해 괜찮다며 얼른 뛰어가 버렸다. 그래도 서울의 유일한 나만의 공간이라 정을 붙여 보고 싶었지만, 밖으로 나 있는 창도 없어 볕도, 공기도 통하지 않는 그곳에서는 긍정적인 생각이 살아남을 수 없었다. 쉬는 날, 좀 더 활기차고 생산적으로 보내고 싶은 마음에 온갖 계획을 세워보아도 소용없었다. 형광등이 없으면 온종일 깜깜한 내 방. 쉬는 날에는 알람 따위에 신경 쓰고 싶지 않아 그냥 잠에 들면, 칠흑같은 어둠 속에 빠져 오후 서너 시가 되어야 눈을 뜨기 십상이었다. 점점 답답해지고 우울해졌다.

그런 공간이라도 압구정의 물가는 살인적이었다. 나 하나 누울 자리 있는 그곳에 매달 오십만 원씩 꼬박꼬박 내야 했다. 제공한다는 식사라고 해봤자 라면, 밥, 중국산 김치가 전부였다. 백이십만 원 월급에서 보험료와 세금을 떼고, 월세를 내고 나면 오십만 원으로 나머지를 해결해야 했다. 어쩌다 친구들을 만나도 예전처럼 2~3만 원씩 하는 곳에서 밥을 먹고 2차까지 가는 게 당연했던 코스가 부담스러워졌다. 먹어보고, 가보고 싶은 레스토랑도 많았지만, 그런 사치는 몇 달을 계획하고 저축해야만 가능했다.

그런 마당에 쇼핑은 정말로 그림의 떡이었다. 한창 꽃이 피기 시작하고 바람이 부드러워지는 3월 말. 출근길, 지하철, 어디서든 사정없이 마주치는 내 또래의 커리어우먼들은 하나같이 곱게 염색해 웨이브를 넣은 긴 머리와 화사한 메이크업, 트렌디한 구두에 백, 여성스러운 옷차림들로 무장하고 봄을 만끽하고 있었다. 그럴 때마다 부스스한 민낯에 바짝 깎은 손톱, 청바지에 후드를 걸친 추레한 내 모습이 너무나도 초라하게 느껴졌다. 괜한 억울함에 지나가다 지른 화사한 원피스는 좀처럼 입을 일이 없어 고시원 내 방 한편에 걸려 있은 지 한 달째. 그래도 언젠가 입고 놀러 나가 기분 전환할 날이 있겠지, 라는 기대감에 쳐다만 보아도 기분이 좀 나아지는 듯했다.

데이트 좀 하라며 친구가 만들어준 소개팅 자리. 그렇게 입고 싶었던 원피스를 입고 이제는 어색해진 손놀림으로 화장을 공들여 하고는 약속한 장소로 나갔다.

내 특이한 이력에 관심을 가지고 나온 그는 연신 신기하다며 요리 잘하는 여자가 이상형이라는 멘트를 날렸다. 그런데 막상 레스토랑에서의 험난한 업무 얘기를 풀어놓자 그의 표정이 살짝 굳어졌다. 그러더니 내 팔뚝에 있는 수많은 화상 자국들을 힐끔거리기 시작했다. 일하다 좀 데었다는 대답에 그는 무섭다며 실실 웃었다. 이번에는 내 표정이 굳어졌다.

"그럼 주원 씨는 보통 언제 퇴근하세요?"

"보통 밤 열시 넘어서요."

그럼 주말은 보통 쉬느냐는 그의 질문에 어이없음과 씁쓸함이 뒤섞인 실소를 내뱉었다.

"아니요, 주말에 대부분 일하는 경우가 많네요."

"아, 그렇군요."

그 후 그는 별 말이 없었다. 아마 그의 진짜 이상형은 퇴근시간에 맞취 집에서 곱게 화장하고 꽃무늬 앞치마를 두른 채 조신하게 요리하는 여자가 아니었을까 싶다.

마음을 추스르며 계속해서 출근하는 날들이 이어졌다. 스케줄이 꼬여서 7일째 일하고 있던 어느 날. 하필 전날 회식까지 겹치는 바람에 컨디션은 바닥 중의 바닥이었다. 처음으로 고시원에 살아서 세 시간이라도 잘 수 있었다는 생각에 감사한 마음이 들었다. 캔커피를 들이켜고 반쯤 감긴 눈으로 주방에 들어섰다.

아무리 컨디션이 좋지 않았다지만, 그날은 정말 간을 맞추기가 힘들었다. 비빔 샐러드에 올라가는 바질 셔벗을 만드는 중, 워낙 맛의 균형을 맞추기가 까다로운 메뉴이긴 했지만 아무리 레몬즙과 설탕으로 씨름을 해보아도 평소 내던 맛이 나오질 않았다. 맛을 계속해서 보다 보니 내 혀도 마비가 된 것만 같았다. 조금 단 것 같아 레몬즙을 한 스푼 첨가하고 일단 마무리를 지었다.

'아직 재고가 많으니 나중에 다시 간을 보면 되겠지. 괜찮을 거야.'

아뿔싸, 그날 저녁 비빔 샐러드 주문이 터졌다. 재고는 물론이고 아까 내가 완성을 하다 만 바질 셔벗까지 모두 써야만 했다. 그 정도일 거라고는 생각도 못 했는데, 새로 만든 셔벗이 올라간 샐러드가 나갔다가 돌려보내졌다. 너무 셔서 못 먹겠다는 손님의 컴플레인이 들어온 것이다. 한 입 먹어본 셰프가 빽 소리를 질렀다. 이게 도대체 뭐냐고.

전적으로 나의 책임이었지만, 나름 힘든 상황에서 최선을 다했다는 괜한 억울함이 치고 올라왔다. 주절거리는 나의 변명에 헤드셰프는 다시 한 번 화를 냈다. 간을 못 맞추겠으면 물어봐야 하는 것 아니냐고. 당연히 신 상태로 나가면 안 되는 것 아니냐고.

'그래, 그렇지.'

할 말이 없었다. 죄송하다며 셔벗을 얼른 치우고는 굳은 얼굴로 말없이 청소를 시작했다. 빨아야 할 행주가 한가득 쌓여 있었다. 평소보다 더 벅벅 힘을 주어 빨래를 하고 있는데 갑자기 서러움이 몰려왔다. 아이비리그를 나온 글로벌 대기업 출신의 스물아홉 살 여자가 부모님에게 용돈도 못 드리고, 연애할 시간도 없고, 창문도 없는 고시원에 살면서 시큰거리는 팔목으로 빨래나 하고 있고. 눈시울이 뜨거워지는 바람에 애써 눈을 깜박거리며 애꿎은 행주만 여러 차례 헹구어댔다.

"언니, 저랑 잠깐 얘기해요."

눈치 빠른 헤드셰프는 나를 주방에서 끌고 나갔다. 손님이 나가고 하얀 테이블보만 남은 작은 방에서 우리는 잠시 침묵 속에 앉아 있었다. 뭐가 그렇게 서러우냐며 그녀가 갑자기 따뜻한 목소리로 물어왔다. 그 말이 위로가 되어 참았던 눈물을 쏟아냈다.

내 얘기를 말없이 듣고 난 그녀는 나의 손을 토닥거리며 원래 다 힘든 거라고, 남들보다 늦게 시작해 열정을 갖고 열심히 하는 언니가 대단하다고 생각한다며 격려를 해주었다. 아직은 쉽사리 정을 붙이지 못하고 있던 정식당의 주방. 처음으로 그녀가 동료로 느껴졌다. 눈물을 훔치고는 멋쩍은 마음에 다음에 셔벗을 만들 때는 꼭 간을 확인받겠다며 농담 아닌 농담을 건넸다.
　여전히 좁고 답답한 고시원 방이었지만, 그날 밤은 덜 외로웠다.
　'그래, 내가 하고 싶은 일인데. 나를 응원해주는 사람들이 얼마나 많은데.'
　마음을 다독이며 잠을 청했다.

누구를 위한
음식인가

그 후에도 자잘한 부상과 갈등이 이어지긴 했지만, 어느 정도 초심을 찾고 다시 요리에 집중할 수 있었다. 무엇보다 정식당이 연이어 이루어내는 쾌거들이 큰 도움이 되었다. 뉴욕점의 미슐랭 스타 두 번째 별 획득에 이어, 산펠레그리노의 아시아 최고 레스토랑 순위 중 20위에 서울의 정식당이 선정되고, 한국 소믈리에 대회에서 정식당의 소믈리에가 우승하는 걸 지켜보며, 이런 레스토랑의 일원이라는 것이 자랑스럽게 느껴졌다. 한 대만 여행사에서는 아예 정식당을 투어 패키지의 코스로 선정해 매달 관광버스로 대만 관광객을 한 트럭씩 보냈고, 원빈, 윤종신, 박진영 등 여러 연예인에, 에릭 리퍼트(Eric Ripert)처럼 세계적으로 유명한 셰프들까지 식사를 하러 정식당으로 발걸음을 옮겼다. 더 열심히, 더 최선을 다해야겠다는 동기부여가 저절로 되었다.

그렇지만 레스토랑을 방문하는 모든 손님들이 항상 긍정적인 동기를 주는 것은 아니었다. 하루는 정신없이 저녁을 준비하며 손님들을 기다리고 있는데, 나이가 좀 들어 보이는 깡마르고 날카로운 인상의 여성과, 누가 봐도 그녀의 눈치를 보는 중년 남성 둘이 창가 쪽 테이블에 착석했다. 자리에 앉기 전부터 매니저와 무언가 실랑이를 벌이던 그들은 표정이 그리 좋지 않았다. 물론 주문을 받고 주방으로 들어온 매니저도 그다지 유쾌한 얼굴은 아니었다. 서비스는 시작하지도 않았는데 이미 지친 표정의 그는 특별히 신경 좀 써달라며 한숨을 짓고 나갔다.

알고 보니 그녀는 한 유명한 럭셔리 고깃집의 대표였다. 다른 둘은 뭐, 아래 매니저들일테고. 모두가 쳐다보는 가운데, 본격적인 코스가 시작되기 전 환영의 의미로 제공되는 어뮤즈 부쉬(Amuse Bouche)라는 한 입 크기의 먹을거리들이 주르륵 나갔다. 그리고 얼마 지나지 않아 접시들이 우르르 들어왔다. 다른 둘의 접시는 비어 있었지만, 그녀에게 나간 접시는 마치 방금 차려낸 접시처럼 나간 그대로 돌아왔다. 그 다음, 첫 코스인 샐러드가 나갔다. 많은 사람들에게 사랑받는 따뜻한 버섯요리. 네다섯 가지의 버섯과 브로콜리, 노른자 젤리 등이 정교하게 어우러져 플레이팅되어 나갔다. 잠시 후 아까보다 더 어두운 표정의 매니저가 접시를 들고 돌아왔다. 열심히 쌓아올린 버섯들은 처참히 흐트러져 있었다.

"이 따위 음식은 먹을 게 못 된다네요."

칼로 한 번 휙 헤쳐보고는 한 입도 손대지 않고 접시를 돌려보낸 그녀. 도대체 같은 업에 종사하는 사람이 어떻게 저런 식으로 행동할 수 있을까.

　그 뒤로 나간 밥이며 생선요리며 모두 마찬가지였다. 네 번째 돌아온 매니저의 입에서 얼핏 욕이 나왔던가. 생선 코스까지 서빙받은 그들은 더 먹지도 않고 자리에서 일어나 레스토랑을 나가버렸다. 아니, 정확히 말하면 그녀가 다른 둘을 끌고 나갔다. 저녁 비용은 아마 지불하지 않았던 것 같은데. 덕분에 주방 팀은 오랜만에 풀코스 테이스팅을 해보며 우리 음식에 대한 점검을 해볼 수 있는 기회를 얻었지만, 모두가 저녁 내내 기분이 더러웠다.

　칼날을 세우며 비판에 혈안이 되어 있는 사람들이 아니더라도, 내가 쏟아붓는 노력에 회의를 들게 하는 손님들은 곳곳에 있었다. 한창 어뮤즈 부쉬로 나가던 어묵과 함께 나가던 허니 머스터드. 시판 제품 대신 직접 겨자와 꿀을 가지고 만드는 그 소스는 여러 블로그의 호들갑스런 후기에서 생강소스며 아이올리(마늘을 넣고 만든 마요네즈)로 둔갑했다. 일요일마다 조찬 미팅을 가지시는 청담의 아주머니들은 다이어트가 걱정이셨는지 디저트는 한 입씩만 섭취. 그리고 주방으로 들어오는 접시들에는 귤껍질이며 과자, 약 봉지가 한가득이었다.

　내가 원래 요리를 하고 싶었던 건 요리를 통한 교감을 하고 싶어서였는데, 점점 그것과 멀어진다는 생각이 들었다. 게다가 대부분의 손님들은 화려하고 아기자기한 플레이팅과 새로운 맛에 열광할 뿐, 음식에 담겨 있는 더 깊은 생각에는 별 관심이 없어 보였다.

알아주든 몰라주든, 손님들에게 정성껏 식사를 차려드리고 퇴근 후 내가 허기진 배를 채우러 들르는 곳은 편의점이었다. 라면과 삼각김밥으로 야식을 해결하고, 캔맥주로 긴 하루의 피로를 달래는 날이 이어졌다. 내 열정의 원천은 좋아하는 사람들과 좋은 음식을 나누어먹으며 교감하는 것이었는데, 교감은커녕 부족하고 좋지 않은 음식으로 속을 채우다 보니, 어느덧 내 안에는 매일 반복하는 일과에 대한 익숙함과 성실함을 잃으면 안 된다는 강박만 남겨져 있었다.

"야, 너 정식당에서 일해? 완전 대박이다. 네가 하는 음식 먹으러 조만간 갈게."

항상 맛집에 관심이 많고 나름 '파워블로거'를 자칭하는 내 친구는 오랜만의 연락에 매우 반가워했다. 그런데 어딘가 불편해도 너무 불편했다. 이건 마치. 그래, 데자뷰였다. 내가 하는 일과는 별 상관없이 구글이라는 이름만으로 찬양을 받던 그 시절과 꼭 닮아 있었다. 모든 걸 내려놓고 새로운 길을 개척하며 전진하고 있는 줄 알았는데, 4년 전 방황의 순간으로 뒷걸음질쳐버린 것 같은 두려움에 얼굴이 허옇게 질렸다.

단순히 요리만 할 수 있다면 평생 행복할 줄 알았었는데, 무식한 열정으로 밀어붙이면 일사천리일 것 같던 그 길은 그렇게 단순한 것이 아니었다. 내가 벌써 셰프가 된 것마냥 신나 '내 요리'를 먹으러 온다는 사람들도 불편했고, 나중에 내가 차리는 레스토랑도 이렇게 화려하고 멋진 음식을 차려놓을 거라는 기대도 부담스러웠다. 너무 고민 없이 흘러

온 날들이 후회가 되었다. 음식을 통해 사람들과 교감하고 싶다는 열정만 가득했지, 실제로 어떤 음식을 하고 싶은지에 대한 생각이 부족했던 것이다.

내가 하고 싶은 음식은 과연 무엇일까.

매일 열두 시간씩 이어지는 노동과 지친 몸. 빠듯한 생활비와 외로움에 피폐해진 마음. 거기에다 방향성이 흐려지며 고갈되어가는 자신감. 그 총체적 난국 앞에 그렇게 확신했던 내 사랑은 흔들리기 시작했다.

아버지가
주고 가신 선물

　여전히 정신없이 바쁜 일상에 안개까지 끼어 있는 듯한 답답함. 그 와중 다행히도 부모님이 다시 서울로 이사했다. 출퇴근 시간이 다시 길어지고, 아침에 맛보는 9호선 지옥철의 난이도는 내 인생 역대 최고였지만, 숨 막히는 고시원을 탈출해 발 뻗고 잠을 잘 수 있다는 것만으로도 아주 행복했다. 하지만 여전히 집에서 제일 일찍 나가고 제일 늦게 귀가하는 나는 가족들의 얼굴을 볼 일이 거의 없었다.

　바람이 차가워지기 시작한 늦은 10월의 어느 날, 집에 도착하니 아빠는 아직 깨어 있었다. 인쇄해야 할 게 있는데 한참을 컴퓨터 앞에 앉아 일어날 줄을 모르는 아빠에게 짜증을 부렸다.

　"나 컴퓨터 써야 한다니까!"

　몇 번이고 재촉을 했지만 아버지는 빈 화면을 띄워놓고는 요지부동이었다. 무언가 이상했다.

'왜 저러지? 에라 모르겠다.'

배가 고파져 시리얼 박스를 집어들었는데, 오랜만에 본 아빠에게 짜증낸 게 갑자기 미안해졌다.

"아빠, 나 시리얼 먹을 건데, 먹을래?"

"아니, 속 안 좋아."

여전히 아빠는 빈 화면을 켜놓고 있었다.

'이상하네.'

멋쩍게 식탁으로 돌아와 우적우적 간식을 먹고 있는데, 그제야 터벅터벅 걸어나오는 아빠. 나를 보더니 갑자기 시리얼을 달라고 했다.

"뭐야, 안 먹는다면서."

속 안 좋은데 우유 먹으면 안 좋다고 잔소리를 했지만 아빠는 아무 대꾸 없이 시리얼을 그릇에 담기 시작했다. 말없이 둘이 식탁에 앉아 숟가락질을 하고 있는데, 코를 쿵쿵거리며 열두 살 먹은 주니가 다가왔다. 아무리 졸라도 못 본 체하는 나는 아예 거들떠보지도 않고 아빠에게로 직행.

유일하게 가족 중에서 아빠를 따르는 주니. 그런 주니를 아빠는 엄청나게 예뻐했다.

"어이구 주니야, 이거 봐라. 여기 햄이랑 소시지 들었네. 맛있겠지."

순간 소름이 돋았다.

자고 있는 엄마를 깨워서 떨리는 목소리로 말했다. 엄마가 저번에 아빠가 좀 멍해 보인다 하지 않았느냐고. 얼른 병원 가봐야 할 것 같다고.

다음 날, 엄마는 꼭두새벽부터 아빠와 응급실로 향했고, 나는 평소와 같이 정식당으로 출근을 했다. 일을 하고 있는데 불안한 마음에 자꾸만 칼을 놓쳤다. 평소와 같이 점심 서비스가 시작이 되었고, 별 일 없이 마무리가 되었다. 휴대전화를 꺼내들었다. 딸내미가 신경을 쓸까 봐 웬만해서는 좋지 않은 일은 속으로 혼자 삭이다 만날 나에게 잔소리 듣는 엄마. 내가 한창 바쁠 때라는 걸 누구보다 잘 아는 엄마에게 문자가 와 있었다. 짬 날 때 전화 달라고.

심장이 쿵쾅거렸다. 얼른 계단 쪽으로 달려나가 엄마에게 전화를 걸었다.

"뇌종양이래. 많이 힘들 것 같다네."

계단에 그대로 주저앉았다. 오지 않아도 괜찮다는 엄마에게 화를 내고는 지금 병원으로 가겠다며 전화를 끊었다.

눈물이 차오르더니 바닥으로 뚝뚝 떨어지기 시작했다. 간 이식이며 대장암 수술 등 십 년간의 투병생활 중 큰 고비마다 기적같이 잘 넘겨왔던 아빠. 원래 무심한 딸이라 그런지, 큰 수술을 하든, 단순한 검사로 병원에 입원하든 별로 걱정도 안 되었지만, 사실 아빠는 당연하다는 듯이 항상 회복해 매번 멀쩡한 모습으로 집으로 돌아왔었다. 그러고는 빽빽대는 내 잔소리를 귓등으로 흘려보내며 오늘은 집에서 술 한 잔 하자고 씩 웃으며 졸라댔었다. 하지만 이번에는 마지막이라는 직감이 들었다.

아빠가 집으로 돌아오지 못할 것 같다는 느낌이 강하게 뇌리를 스쳤다.

주저앉아 엉엉 울고 있는 나를 발견한 매니저가 놀라 무슨 일이냐고 물어왔다. 차마 고개를 들 수가 없었다. 그런 나를 억지로 일으켜 세운 그에게 눈물, 콧물 범벅이 되어 웅얼거렸다.

"아버지가 뇌종양이시래요."

매니저는 계산대에서 만 원짜리를 몇 장 꺼내 손에 쥐어주며 얼른 택시를 타고 가보라 했다. 내가 옷을 제대로 갈아입었는지, 신발을 갈아신었는지 기억도 나지 않는다. 다만 정신없이 병원으로 향했을 뿐.

막히는 길을 뚫고 겨우 병원에 도착했을 때는 이미 날이 어둑어둑해졌다. MRI를 찍자 마자 '바로 입원'이라는 빨간 딱지가 붙은 아빠는 이미 입원 수속을 거친 상태였다. 엄마에게 전화를 하니 병실이라며 호수를 알려주었다.

복도 제일 끝에 위치한 3인실. 입원해 있는 아빠를 찾아가는 건 일상처럼 익숙한 일이었는데, 갑자기 병실에 들어가기가 두려워졌다. 아빠의 아픈 모습을 확인하고 싶지 않았다. 지금 이 상황이 거짓말이길 바랐다.

병실 문이 드르륵 열렸다. 엄마였다. 어색하게 서 있는 나를 엄마는 얼른 들어와 아빠한테 인사하라며 잡아끌었다. 안쪽 침대에 아직 평상복 차림의 아빠가 어딘가 멍한 표정을 짓고 엉거주춤 침대에 걸터앉아 있었다.

"아빠, 괜찮아?"

가까스로 말 한 마디를 건넸다.

아빠는 나를 올려다보더니 담담히 고개를 끄덕였다.

"응, 괜찮아."

내가 어릴 적부터 기억하는 아빠는 상당한 미식가였다. 순대, 내장탕에다 각종 김치를 직접 만드셨던, 음식이란 음식의 대가이셨던 당신의 외할머니 덕택일까. 아빠는 항상 맛있는 걸 찾았다. 덕분에 워낙에 손재주 좋은 엄마의 음식 솜씨는 일취월장했고, 나의 입맛도 덩달아 민감해졌다. 역시 주원이는 내 입맛을 닮았다며 좋아하던 아빠는 피아노 학원이나 미술 학원은 왜 다니느냐고 툴툴대면서도, 음식에 대한 조기교육은 절대 빼놓지 않았다.

어린 내가 초밥집에서 제일 먹고 싶어 했던 건 은은한 단맛의 노란 달걀말이. 그렇지만 그런 걸로는 배를 채우면 안 된다는 강력한 아빠의 의견에 따라 생선만 먹어야 했다. 그것도 순서대로. 일식집의 콘치즈 따위에 손을 대었다가는 역시나 혼이 날 것이 뻔했고.

우리 집에서는 조기구이에 몸통부터 손을 대었다가는 아빠의 호통이 이어졌다. 먼저 꼬리를 따고 아가미가 있는 목덜미부터 정확히 젓가락으로 파고들어, 등을 따고 뼈대를 따라 살살 몸통을 해체한 후, 혹시나 남아 있는 잔가시를 제거한다. 갈라짐도 없는 완벽한 두 필렛과 가시로 온전히 분리가 된 후에야 나는 조기를 먹을 수가 있었다 (실제로 생선을 잡는 순서와 거의 흡사하다).

그랬었기 때문일까. 요리한다는 나에게 그냥 회사다니다 시집가서 편하게 지냈으면 하는 바람을 가끔씩 내비치며 걱정의 눈길을 보낸 엄마와는 달리, 아빠는 매우 좋아했다. 연말이건, 아빠 생일이건, 내가 음식을 한 날은 꼭 사진들을 찍어 여기저기 보내며 자랑을 해댔다. 요리학교에 가기 전부터 이미 나를 '안 셰프', '안 셰프'라 부르던 아빠는 내가 정식당에 취업을 하자 동네방네 다 소문을 내며 무슨 모임이 있을 때마다 우리 딸이 일하는 곳이라고 추천하기 바빴다. 내가 운영하는 블로그에도 매일 몇 번씩 들러 새 글이 없나 확인하며 글이 올라올 때마다 주변에 문자를 보내던 아빠였다.

그런 아빠의 팔불출은 귀찮기도 하고, 때로는 창피하기도 했다. 그렇지만 빠듯한 우리 집 상황에도 불구하고 내가 번 돈을 온전히 나 하고 싶은 것에 모조리 투자한다는 죄책감, 그리고 무엇보다 20대 후반에 새로운 분야에 바닥부터 도전하는 두려움과 부족한 자신감. 그 모든 부정적인 감정들 속에, 마냥 딸을 자랑스러워하는 아빠의 모습이 나에게 얼마나 큰 응원이 되었는지.

4월 아빠 생일날, 정식당에서 샴페인 한 잔을 곁들인 식사에 그렇게 행복해하던 아빠는 이제 더 이상 외식을 할 수 없게 되었다. 만날 텔레비전의 요리 프로그램을 보면서 먹고 싶다, 먹고 싶다 입맛을 다시던 아빠는 항상 가족과 함께 식사를 하고 싶어 했다. 나를 포함해 꽤 독립적인 나머지 가족들은 굳이 식탁에 둘러앉아 온 가족이 함께 시간을 맞추

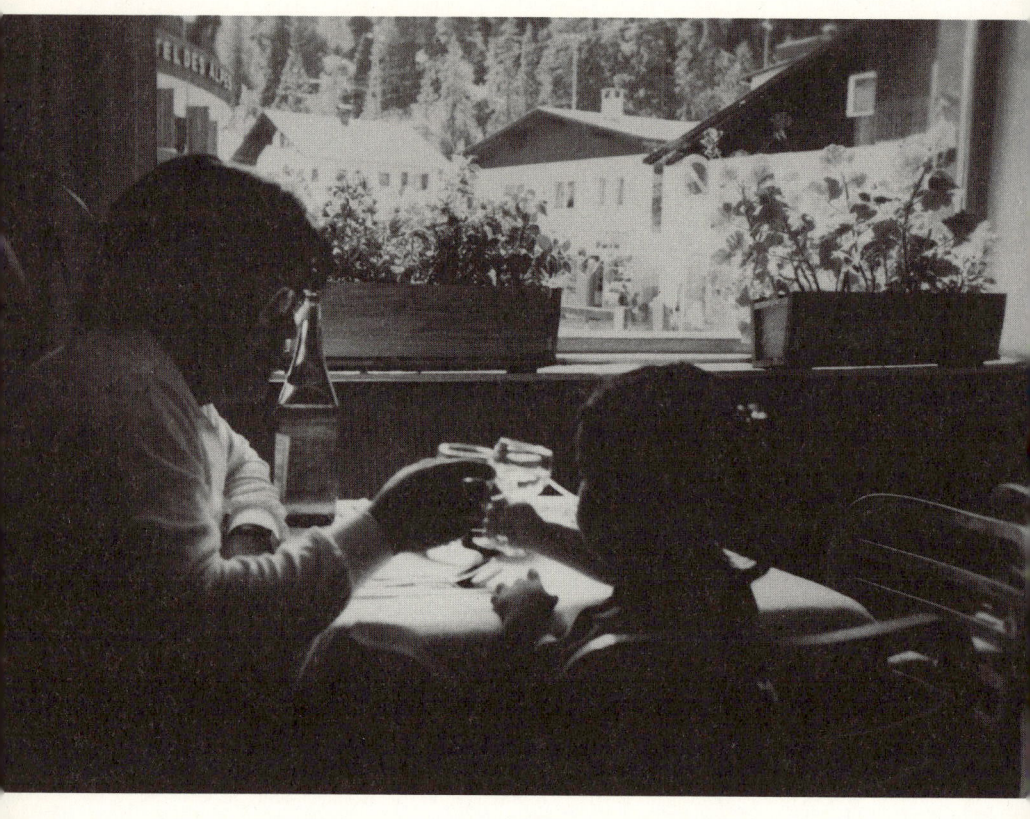

는 것이 바쁜 일상에 번거롭게 느껴졌고, 먼저 먹어, 라는 말에 아빠는 뭘 혼자 먹느냐며 서운해하기 일쑤였다. 대충 끼니를 때우는 걸 싫어했고, 노량진 시장통에 가서 회를 먹어도 꼭 청하 한 잔에 건배를 하며 덕담을 나누는 걸 중요시했던 아빠에게, 귀찮아하며 먼저 먹으라고, 다음에 먹자고 한 것이 미치도록 후회가 되었다.

너무 늦어버렸지만, 어떻게든 내 죄책감을 달래려 하루에 세 번 나오는 병원 밥이 도착할 때면 아빠 옆에 꼭 붙어 있었다. 이미 머릿속 네 군데에 종양이 들어찬 아빠의 상태는 급격히 나빠져, 일주일이 지나자 단답형의 대화도 이끌어가기 힘든 상태가 되었지만 나는 끊임없이 말을 걸었다. 같이 따라 나오는 음식차림표를 아빠에게 보여주며 읽어보라고 하고, 아빠가 알려준 대로 생선가시를 발라주며 계속해서 음식 얘기를 꺼내었다. 그렇게 좋아하는 음식이라면, 아빠의 뇌가 좀 더 반응하지 않을까, 하는 간절한 마음에.

"아빠, 뭐 먹고 싶어?"

"피자."

"무슨 피자?"

"페퍼로니."

그렇게 맛있는 걸 좋아하던 아빠가 병원 밥이 질리지 않을까 신경이 쓰였다. 먹고 싶은 걸 먹으면 좀 더 기운을 차리지 않을까. 자꾸만 움직임이 줄어드는 아빠를 억지로 산책시키며 몰래 사온 귤이며 빵을 한 입씩 나누어 먹었다. 아쉬웠다. 페퍼로니 피자라면 아빠가 갑자기 말을 잘할지도 모르겠는데 말이다.

그렇게 매일같이 병원으로 출근했다. 언제 비상사태가 벌어질지 모르는 아빠의 상태 때문에 밤새워 옆에 붙어 있어야 하는 엄마와 교대를 하며 병실 간이침상에서 오지 않는 잠을 청했다. 여태까지 아빠가 아파도 신경도 안 쓰고 얼굴만 빼꼼히 비치던 딸이 이렇게 극진하게 간호를 하면 기적이 일어나지 않을까. 무엇보다 이제는 예, 아니오, 도 잘 대답하지 못하는 아빠에게 내가 이렇게 옆에 있으니 힘내라고 인지시키고 싶었다. 피곤한 얼굴로 아빠 옆에 앉아 있는 나에게 엄마는 자꾸 집에 가서 쉬라며 등을 떠밀었다. 나는 저녁 나오는 것만 같이 먹고 가겠다고 굳이 버텼다. 나를 멍하니 쳐다보던 아빠가 갑자기 내 무릎을 토닥거리며 말했다.

"괜찮아, 가."

애써 웃어보였는데 병실을 나오자마자 덜컥 눈물이 쏟아졌다. 집에 와서 잠자리에 누웠지만 여태껏 아빠에게 짜증내고 못한 것들만 생각나서 미쳐버릴 것 같았다. 그렇게 울며 꼬박 밤을 지새웠다.

3주째가 되자 아빠의 상태는 급격히 나빠졌다. 언어는 물론이고, 물을 자의로 삼키는 기능까지 상실한 아빠는 그렇게 좋아하던 밥을 더 이상 먹을 수 없게 되었다. 최후의 만찬 따위는 없었다. 단순히 생명을 유지하기 위해 호스로 죽을 투여받기 시작했다. 이제 억지로 아빠를 일으켜

서 산책을 하는 건 아예 불가능했다. 욕창이 생길까 봐 등을 문질러주고, 두 시간마다 체위를 바꿔줘야 했다. 그러다 아빠는 혼수상태에 빠졌다.

입원한 지 정확히 43일째, 맥박과 혈압이 날뛰던 아빠는 결국 숨을 멈추었다. 하필 그날 엄마와 나, 동생은 간병인을 두고 오랜만에 한 지붕 아래에서 잠자리에 들었다. 잠든 지 얼마나 되었을까, 새벽에 맥박이 잡히지 않는다는 연락을 받고 부리나케 달려갔다.

'아니야, 아빠가 이렇게 허무하게 갈 수는 없잖아.'

떨리는 목소리로 더듬으며 의사에게 재차 아빠가 돌아가신 게 맞느냐고 물었다.

"네, 사망하신 겁니다."

그는 왜 못 믿느냐는 표정으로 답을 했다. 아빠 손을 잡았다. 아직 온기가 남아 있었다.

장례식에 오신 아빠의 친구분들은 하나같이 입을 모아 어찌나 딸 자랑을 하는지 아주 듣기 힘들었다고 웃으시며 내 손을 꼭 잡아주고 가셨다. 그래, 그래도 늦게나마 요리를 시작해서 아빠 좋아하는 음식 많이 만들어드리고 처음으로 대화도 오래 나누기 시작했지. 정말 오랜만에 아빠를 생각하며 미소를 지었다.

한 달 후, 정식당에 복귀한 나는 타성에 젖어 영혼 없이 일을 하던 예전과 많이 달라져 있었다. 재료를 다듬든, 육수를 내든, 밥을 볶든, 음식을 다룰 때마다 떠오르는 아빠 생각에 마음이 포근했다. 요리는 더 이상 나를 증명하고 보여주기 위한 과정이 아니었다.
    요리는 내 음식을 맛있게 먹어주던 아빠와의 기억을 추억하고 보고 싶은 그리움을 달래는 의식으로 변해 있었다. 더 이상 아빠에게 음식을 해줄 수는 없게 되었지만, 아빠는 떠나면서 나에게 음식에 사랑을 담아내는 비결을 알려주었다.

내가 평생
요리할 이유

얼마 전, 누가 나에게 질문을 던졌다. 요리가 왜 그렇게 좋으냐고. 멈칫하다 이런저런 설명을 늘어놓는 나에게 그가 웃으며 말했다.
"아, 요리할 때 제일 순수해지는구먼."
정답이었다. 요리를 하면 그 순간은 아무 생각도 나지 않고 온전히 내 앞에 있는 재료의 아름다움과 손을 놀리는 즐거움에 푹 빠져버리는 나. 그렇게 좋아하는 것에 미쳐볼 수 있고, 집중할 수 있는 것은 물론 축복이었다. 그렇게 순수해질 수 있는 대상을 찾아가는 과정에서 음식을 통한 교감이 얼마나 소중한지 깨달았고, 요리를 시작하면서 그 교감이 얼마나 삶을 풍성하게 만들어주는지 새삼 실감했다.
2009년 회사에 다닐 적에 아주 가까운 한두 사람 외에는 대부분 업무 얘기, 혹은 가벼운 일상적인 얘기로 대화를 채우는 것이 당연했다. 그러다 내가 처음으로 과자를 구워 회사에 들고 간 날, 사무실 건너편에 앉아 있던 한 여직원과 처음으로 긴 대화를 나누었다. 이름과 나이, 그리고 간단한 경력 외에는 서로에 대해 아는 것이 별로 없던 상태. 그녀는 나를 매우 논리적이고 차가운 사람이라고 생각했었는데, 오늘 처음으로 주원 씨의 따스한 내면을 본 것 같다며 웃었다. 우리는 직장생활에서 느끼는 여자로서의 고충과 남자친구 얘기 등 평소에 회사에서는 잘 꺼내지 않던 주제들로 한참이나 얘기를 이어갔다.

2010년 엄마, 아빠의 결혼기념일. 오랜만에 외식을 하기 위해 집을 나섰다. 그런데 지하철에 오르자마자 무슨 연유인지 싸움이 붙은 두 사람. 계속 언쟁이 오가더니 결국 아빠가 집에 가버리겠다며 돌아섰다. 억지로 잡아끌어 예약한 프렌치 레스토랑에 들어갔지만 여전히 싸늘한 기류. 그곳의 단골인 내가 그냥 두 분이 좋아할 만한 음식으로 몇 가지 주문을 했다. 와인이 한 잔씩 놓이고 음식이 나오기 시작했다. 여전히 조용한 두 사람. 그러다 아빠가 먼저 이거 예전에 유럽에서 먹었던 맛이랑 똑같다며 좋아했다. 식을 올리자마자 아빠의 발령으로 독일에서 7년을 보낸 부모님은 여기저기 여행을 다니며 먹었던 추억의 음식에 대해 얘기를 나누기 시작했다. 잠시 후에는 내가 필요 없을 정도로 분위기가 화기애애해졌고, 집에 가는 길에 두 분은 정말 오랜만에 손을 잡고 있었다.

2011년. 요리학교를 갈 때마다 들렀던 세븐 스타(7 Stars)라는 카페. 매일 보이는 꽁지머리의 바리스타는 기가 막히게 맛있는 카푸치노를 만들었고, 하루는 여전한 미소로 컵을 건네는 그에게 커피 참 맛있다며 엄

지 손가락을 치켜세웠다. 그 후 카페에 들를 때마다 우리는 짧게나마 대화를 나누기 시작했고, 학교에서 맛있는 간식을 만든 날이면 집에 가는 길에 들러 전해주기도 했다. 그렇게 친해진 그는 평소 커피에 관심이 많았던 나를 바리스타 모임에 초대해주기도 하고 직접 로스팅을 가르쳐주기도 했다. 덕분에 나는 훨씬 더 다양한 커피를 접해볼 수 있었고, 다양한 바리스타들과의 유쾌한 만남을 통해 커피에 대한 식견을 늘려갈 수 있었다.

2012년. 샌프란시스코에서 인턴십을 하는 도중 만난 요리사들, 바텐더들, 바리스타들, 소믈리에들. 어느 한 사람도 빠질 것 없이 모두 맛에 탐닉하고 즐거워했다. 토마스 켈러를 포함해 세계적으로 유명한 인물들도 여러 명. 하지만 그들에게는 허세나 거만이 없었다. 고작 요리학교를 갓 졸업한 내게 윤하 소믈리에는 오이김치와 잘 어울리는 와인을 찾아보자며 신이 나 이것저것 맛보여주었고, 발효의 맛을 공부하고 싶어 하는 내게 안단테 데어리의 김소영 씨는 다양한 치즈를 맛보여주며 함께 토론을 해주었다. 그들은 진정으로 음식을 통해 삶을 축복하고 그를 통해 사랑을 베푸는 이들이었다.

그리고 2013년. 아빠를 보내고 힘들어하는 엄마에게 나는 악착같이 밥을 해먹였다. 엄마가 잠시나마 행복했으면 좋겠다는 생각에, 온전히 엄마가 좋아할 만한 재료에, 내 입맛에는 싱거운 간으로 정성스럽게 조리를 했다. 다행히도 엄마가 예전 몸무게를 조금씩 회복해나가는 걸 보며, 내 마음이 전해진 것 같아 기뻤다. 반대로 내가 힘들어질 때면 아빠와 음식을 통해 쌓은 추억으로 큰 위로를 삼으며, 요리를 통한 교감의 힘에 나는 완전히 매료되어 버렸다.

    음식에는 하는 사람과 먹는 사람이 있고, 그 사이에 전해지는 마음이 있다. 내가 여태껏 음식을 통해 받은 마음들을 내 음식을 통해 다른 이들과 나누고 싶다. 단순히 화려하고 입이 즐거운 요리가 아닌, 누군가의 마음 한구석을 충만하게 채워주는 음식을 하기 위해 나는 어제도, 오늘도, 내일도 요리할 것이다.